Werkstoff Holz

Hans-Werner Bastian

urania

Werkstoff Holz

Inhalt

3503

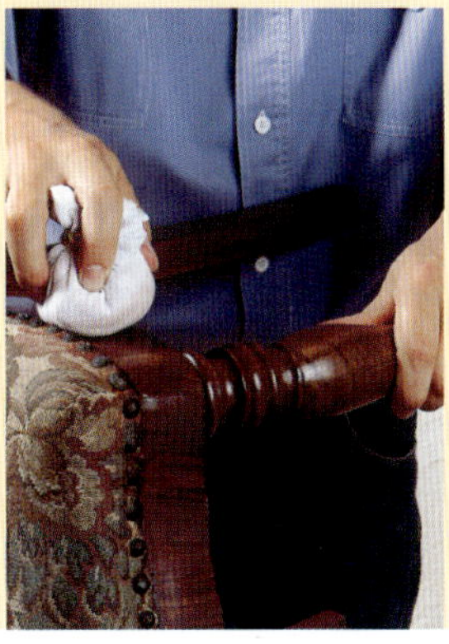

Holz – durch und durch Natur

Bäume haben im Pflanzenreich eine Sonderstellung

Um die Eigenschaften des Holzes zu verstehen, muss man wissen, wie es wächst und wie ein Stamm aufgebaut ist. Aufgrund ihrer Größe und ihrer Langlebigkeit nehmen Bäume eine Sonderstellung im Pflanzenreich ein. Von den kleinen Latschenkiefern des Hochgebirges bis zu den mehr als 120 m hohen Mammutbäumen Nordamerikas reicht die Palette. Verschiedene Baumarten können mehr als 1000 Jahre alt werden. Botanisch gehören die Bäume zu den Spermatophyten, einer Abteilung der Samenpflanzen, die sich in die beiden Klassen der Gymnospermen (Nadelhölzer) und der Angiospermen (Laub tragende Bäume) unterteilt.
Etwa ein Viertel der Landoberfläche unserer Erde ist mit Wald bedeckt. Leider werden die Flächen – vor allem der fürs Klima wichtigen tropischen Wälder – durch Raubbau bedrohlich verkleinert. In Europa stellen saurer Regen und Holzschädlinge eine immer größer werdende Gefahr für die Wälder dar.
Diese bedrohlichen Perspektiven machen deutlich, wie wertvoll der Rohstoff Holz bereits ist und in Zukunft werden wird. Nur konsequente Wiederaufforstungsmaßnahmen und Reduzierung der Umweltbelastungen werden auf Dauer dazu führen, dass die Wälder der Erde Bestand haben.

Für den Hausbau hat man Holz als Baustoff wiederentdeckt.

Richtig verarbeitet und regelmäßig mit Lasur gepflegt, trotzt eine Holzfassade jeder Witterung.

Beim Möbelbau ist Holz nach wie vor der beliebteste Werkstoff. Damit holt man sich Natur ins Haus.

Der Aufbau eines Stammes

Holz besteht aus röhrenförmigen Zellulosezellen, die durch den Stoff Lignin miteinander verklebt sind. Sie sind länglich geformt und verlaufen in Richtung der Stammachse. Je nach Baumart variieren die Zellen in Größe, Form und Struktur. So ergeben sich die unterschiedlichen Eigenschaften der Hölzer.
Bei einem quer durchgeschnittenen Baumstamm sieht man im Zentrum das Mark, die kreisförmig angeordneten Jahresringe, dann die Kambiumschicht, Bast und schließlich die äußere Rinde. Markstrahlen ziehen sich radial durch die Jahresringe.
Mit jeder Wachstumsperiode bildet sich ein neuer Jahresring. Die Kambium- oder Wachstumsschicht zwischen Rinde und Holz produziert in dieser Phase neue Zellen. Damit bildet sich auf der Innenseite Holz, während außen Bastzellen produziert werden, die ihrerseits die Borke oder Rinde bilden.
Die jüngeren, neu gebildeten Jahresringe sind heller als das Kernholz im Inneren des Stammes.
In diesem auch Splintholz genannten Bereich transportiert der Baum Wasser zu seinen Nadeln bzw. Blättern. Wird die innerste und damit älteste Splintholzschicht nicht mehr zum Wassertransport benutzt, vollzieht

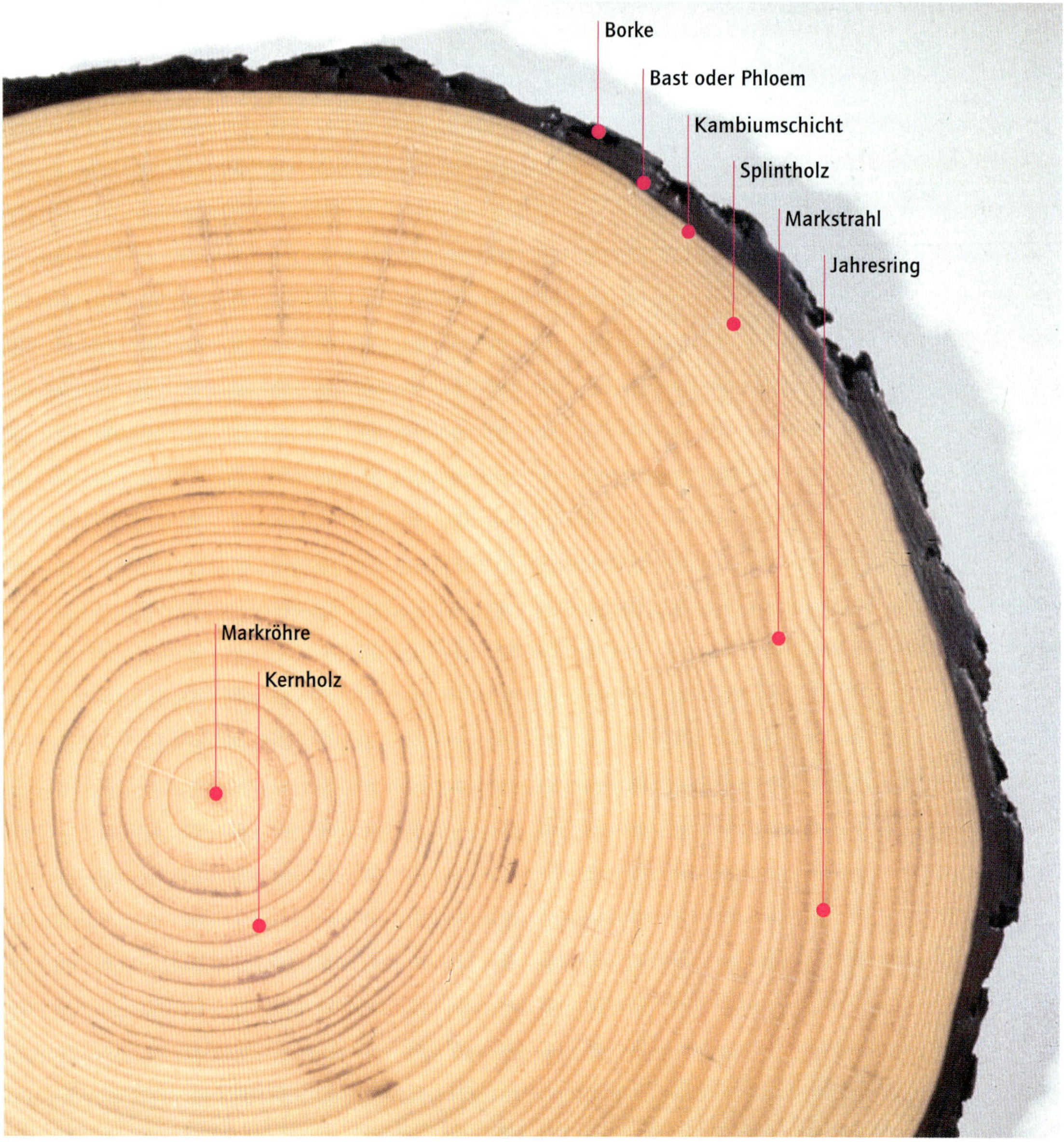

Quer- oder Hirnschnitt durch einen Baumstamm

sich in ihren Zellen eine langsame chemische Veränderung. Es werden organische Stoffe eingelagert, die für die dunkle Färbung des Kernholzes sorgen und ihm Widerstandskraft gegen Pilz- und Insektenbefall geben. Die Zellen des Kernholzes sterben dann ab und spielen keine aktive Rolle mehr für das Wachstum des Baumes.
An den Jahresringen eines Baumes lässt sich genau ablesen, wie gut die Wachstumsbedingungen in den verschiedenen Jahren waren. Grundsätzlich wächst ein Baum im Frühjahr schneller als im Sommer und im Herbst.
Daher zeigt jeder Jahresring eine innen gelegene Frühholzzone aus großen, hellen Zellen und außen eine Spätholzzone aus dickwandigeren dunklen Zellen. Je besser die klimatischen Bedingungen eines Jahres waren, desto dicker ist der betreffende Jahresring insgesamt.

Die Holzarten

Nach botanischen Gesichtspunkten unterscheidet man die Bäume, wie bereits erwähnt, in Angiospermen und Gymnospermen – also Laub- und Nadelhölzer. Laubhölzer sind in der Regel härter und schwerer als Nadelhölzer. Grundsätzlich hängen die Eigenschaften der Holzarten von der jeweiligen Zellstruktur ab: von der Größe und Anzahl der Zellen, von der Stärke ihrer Wände und von der Holzfeuchte.
Die Substanz der Zellwand ist bei allen Hölzern gleich. Sehr unterschiedlich dagegen ist die Rohdichte, die sich aus dem Verhältnis von Zellmasse zu Holzvolumen ergibt. Kleinzelliges Holz mit dicken Zellwänden ist besonders schwer. Buchsbaum und Pockholz führen hier mit 1,1 g/cm^3 die Reihe an. Balsa ist dagegen mit 0,15 g/cm^3 das leichteste Holz. Neben der Rohdichte sind Färbung und Maserung der Holzarten sehr unterschiedlich.
Eine Übersicht der einheimischen Arten folgt auf den Seiten 14–21.

Schnell wachsende Nadelwälder bestimmen bei uns meist die Landschaft.

Laub- und Mischwälder sind widerstandsfähiger als Nadelwälder.

Die tropischen Regenwälder gelten als „Lunge der Erde".

Unsere Wälder sind wichtig für das Weltklima

Oft wird übersehen, dass unsere Wälder nicht nur Holzlieferanten sind, sondern dass sie auch bezüglich des Weltklimas eine wichtige Rolle spielen. Da Bäume wie alle Pflanzen Fotosynthese betreiben, das heißt mithilfe der Sonnenenergie Kohlendioxid aufnehmen und Sauerstoff abgeben, stellen sie eine unersetzbare Lebensgrundlage für den Menschen dar. Vor allem die tropischen Regenwälder bezeichnet man zurecht als „Lunge der Erde", weil dort der größte Teil des für den Menschen lebensnotwendigen Sauerstoffs produziert wird.
Die Verminderung des weltweiten Waldbestands hat somit zur Folge, dass sich die Beschaffenheit der Atmosphäre verändert. Die Konzentration von Kohlendioxid (CO_2) in der Luft ist in der Vergangenheit stetig angestiegen. Diese Entwicklung hängt aller-

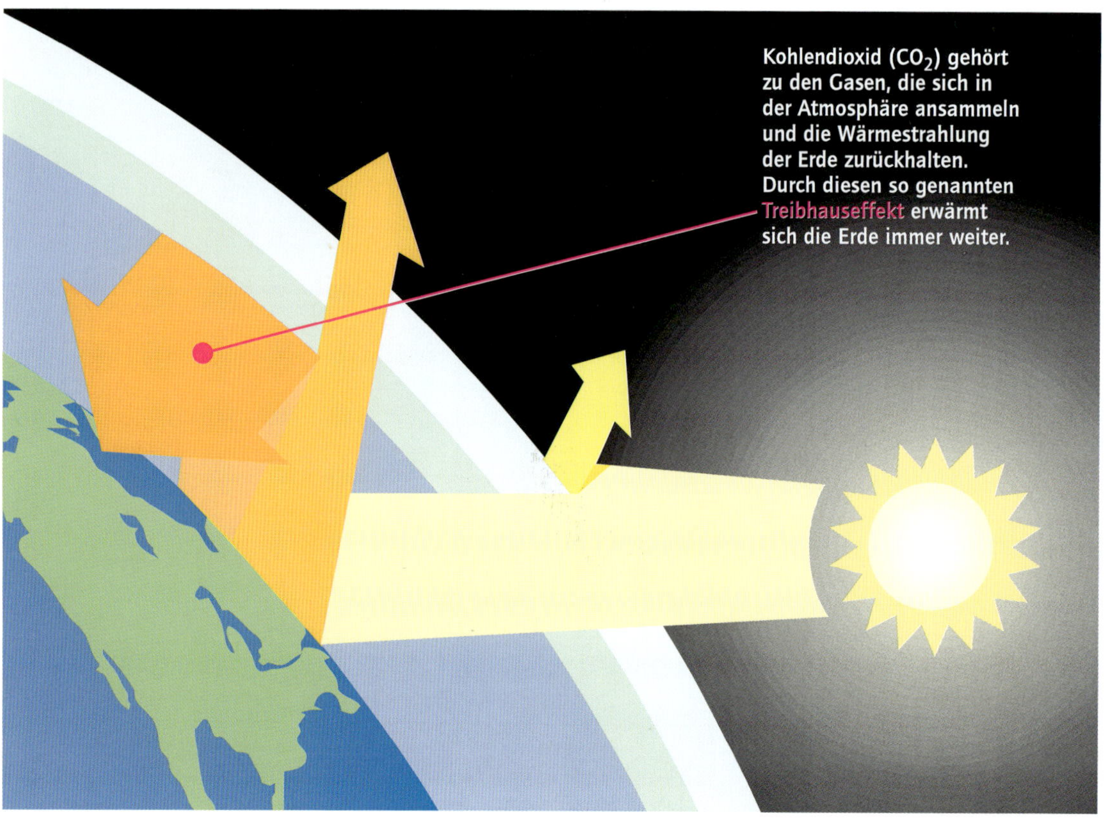

dings nicht nur mit der Rodung unserer Wälder zusammen, sondern in erster Linie mit der Verbrennung fossiler Brennstoffe wie Kohle oder Erdöl.
Kohlendioxid, das in gewaltigen Zeiträumen der Erdgeschichte in Form von Kohle und Öl gebunden wurde, wird heute durch Verbrennung dieser wertvollen fossilen Energieträger wieder in die Atmosphäre gebracht.
Um den CO_2-Gehalt in der Luft langfristig zu verringern, müsste man also einerseits die Verbrennung fossiler Brennstoffe eindämmen und andererseits durch Wiederaufforstungsmaßnahmen dafür sorgen, dass mehr in der Luft befindliches Kohlendioxid im Holz der Bäume gebunden wird.

Die Bedeutung der Forstwirtschaft für die Umwelt

Dass es auch in Europa einmal großflächige Urwälder gegeben hat, ist heute kaum noch vorstellbar. Glücklicherweise hat sich in unserer Gesellschaft mittlerweile ein ökologisches Bewusstsein herausgebildet, das weitere unkontrollierte Rodungen verhindert. Wir wissen, dass wir unserem Planeten schon viel zu viel Wald geraubt haben und dass es an der Zeit ist, neue Wege zu gehen. Aus diesem Grund wird in Deutschland schon lange eine systematische Forstwirtschaft betrieben. Bäume, die man zur Holznutzung schlägt, müssen auch wieder nachgepflanzt werden.
Meist greift man bei uns allerdings auf die schnell wachsenden und anpassungsfähigen Nadelhölzer zurück. Die Setzlinge werden in Baumschulen gezogen und in Monokulturen ausgepflanzt. Solche Wälder sind aber, wie die Erfahrung zeigt, sehr anfällig für Schädlingsbefall und Windbruch. Mehr und mehr geht man daher heute dazu über, Fichten-Monokulturen durch Mischwälder zu ersetzen. Solche Wälder sind bedeutend widerstandsfähiger und bieten mehr Artenreichtum.

So genannte Harvester fällen und zerteilen die Stämme.

Abgeerntete Waldflächen werden wieder aufgeforstet.

Holzarten in der Übersicht

Heimische Hölzer und ihre Einsatzmöglichkeiten

Unsere heimischen Wälder sind ein wertvoller Rohstofflieferant, den es nach ökologischen Gesichtspunkten zu nutzen gilt. Die Nutzung von Holz und seine Verwendung in möglichst großer Menge führt nämlich zu einer Verminderung der durch den Menschen verursachten CO_2-Emissionen. Die Atmosphäre wird entlastet, da jeder Baum während seines Wachstums große Mengen CO_2 aus der Luft aufgenommen und in seinem Holz gespeichert hat. Gleichzeitig wurde über die Fotosynthese Sonnenenergie in chemisch gebundene Energie umgewandelt.
Ob Holz nun zu Heizzwecken genutzt wird oder im natürlichen Kreislauf des Waldes verrottet – in beiden Fällen wird das gespeicherte CO_2 wieder frei. Folglich ist es vom Standpunkt des Umweltschutzes aus gesehen sinnvoll, mit Holz zu heizen, denn so kann man den Einsatz fossiler Energieträger verringern.
Unsere Wälder bieten eine breite Palette nutzbarer Holzarten, die sich vielfältig verwenden lassen. Auf den folgenden Seiten werden die einheimischen Nutzhölzer in Kurzporträts vorgestellt. Sie erfahren das Wichtigste über Eigenschaften und Verwendung.

Fichtenwald, dessen Stämme nach und nach geerntet werden

Das heimische Fichtenholz lässt sich sehr vielfältig verwenden. Es ist die wirtschaftlich wichtigste Holzart.

Abgeerntete Wälder werden wieder aufgeforstet. So wächst der Rohstoff Holz kontinuierlich nach.

Fichte

Holzbeschreibung:
Gleichmäßig gelblich weißes Holz ohne Farbunterschied zwischen Splint- und Kernholz. Dunkelt unter Lichteinfluss nach. Mit markanter gestreifter bzw. gefladerter Zeichnung.
Eigenschaften:
Mittelschwer und weich mit im Verhältnis zum relativ geringen Gewicht günstigen Festigkeits- und Elastizitätseigenschaften. Schwindet nur wenig und lässt sich gut verarbeiten. Wenig witterungsbeständig, muss daher im Außenbereich durch konstruktive Maßnahmen und gegebenenfalls durch chemische Behandlung geschützt werden.
Bevorzugte Verwendungen:
Wirtschaftlich die mit Abstand wichtigste einheimische Holzart und das am häufigsten verwendete Bau- und Konstruktionsholz. Wird im Innenausbau eingesetzt für Fußböden, Treppen, Wand- und Deckenbekleidungen, Balkone, Fenster, Türen usw.
Auch Masten, Betonschalungen, Gerüste, Leitern, Holzpflaster, Lärmschutzwände, Einrichtungen und Geräte für die Garten-, Park- und Landschaftsgestaltung sowie für Kinderspielplätze werden aus Fichte hergestellt.
Als Industrieholz wird es zu Span- und Faserplatten verarbeitet. Feinjähriges Holz aus Gebirgslagen wird für den Bau von Musikinstrumenten verwendet.

Tanne

Holzbeschreibung:
Splint- und Kernholz sind farblich gleich. Das Holz ist gelblich weiß bis fast weiß, oft mit grauviolettem oder bläulichem Schimmer. Ohne Glanz. Mit gestreifter bzw. gefladerter Textur.
Eigenschaften:
Der Fichte vergleichbar, sodass im Handel zumeist nicht zwischen den beiden Holzarten unterschieden wird. Leicht bis mittelschwer und weich. Mit guten Festigkeits- und Elastizitätseigenschaften. Mäßig schwindend und mit gutem Stehvermögen. Bearbeitung mit allen Werkzeugen leicht und sauber möglich. Ebenso bereitet die Behandlung der Oberflächen keine Schwierigkeiten. Gegenüber Chemikalien überdurchschnittlich beständig. Wenig witterungsfest.
Bevorzugte Verwendungen:
Als Bau und Konstruktionsholz, Bautischlerholz und Industrieholz zu gleichen Zwecken wie Fichte eingesetzt. Nachteile der Tanne sind die grauweiße Farbe und die häufiger vorkommende Schwarzäste. Andererseits wird Tanne vorgezogen für die Herstellung von Behältnissen für chemische Lösungen und teilweise auch im Erd- und Wasserbau.

Kiefer

Holzbeschreibung:
Splint- und Kernholz sind farblich deutlich unterschieden. Das schmale bis breite Splintholz ist gelblich weiß bis rötlich weiß gefärbt. Das Kernholz ist frisch rötlich gelb, unter Lichteinfluss dunkelt es zu einem intensiven rötlich braunen bis rotbraunen Alterston nach. Markante gestreifte bzw. gefladerte Zeichnung.
Eigenschaften:
Das Holz ist mittelschwer, mäßig hart und harzhaltig. Es hat gute Festigkeits- und Elastizitätseigenschaften und schwindet bei gutem Stehvermögen nur wenig. Gute Bearbeitung ist mit allen Werkzeugen möglich. Die Behandlung der Oberflächen ist unproblematisch. Bearbeitung und Oberflächenbehandlung können durch den hohen Harzgehalt erschwert werden. Das Kernholz ist gut witterungsbeständig, das Splintholz dagegen weniger und zudem stark bläueempfindlich, lässt sich aber gut imprägnieren.
Bevorzugte Verwendungen:
Als Bau- und Konstruktionsholz im Hoch-, Tief- und Wasserbau. Für Rammpfähle, Masten, Palisaden und Pfähle. Im Außenbereich für Fenster, Türen, Tore und Fassadenelemente. Als Ausstattungsholz ist es sehr beliebt für Möbel und im Innenausbau für Bekleidungen, Treppen und Fußböden. Kiefer ist die wichtigste Holzart zur Herstellung von Spanplatten.

Lärche

Holzbeschreibung:
Splint- und Kernholz sind farblich unterschieden. Das schmale Splintholz hat eine hellgelbliche bis rötlich gelbe Farbe. Das Kernholz ist frisch rötlich braun bis leuchtend rot und dunkelt intensiv rotbraun nach. Markante gestreifte bzw. gefladerte Textur.
Eigenschaften:
Das schwerste und zugleich härteste einheimische Nadelholz (mit Ausnahme der Eibe). Hoher Harzgehalt. Hat gute Festigkeits- und Elastizitätseigenschaften. Mäßig schwindend, mit gutem Stehvermögen. Meist gut zu bearbeiten. Die Oberflächenbehandlung ist problemlos. Ausgetretenes Harz muss aber entfernt werden. In hohem Maße resistent gegenüber Chemikalien. Das Kernholz ist witterungsbeständig und unter Wasser von hoher Dauerhaftigkeit.
Bevorzugte Verwendungen:
Hervorragendes Bau- und Konstruktionsholz wie auch Ausstattungsholz. Im Außenbereich für Türen, Tore, Fenster, Bekleidungen, Schindeln sowie im Erd-, Brücken- und Wasserbau verwendbar. Im Innenausbau u. a. für Wand- und Deckenkonstruktionen. Als Ausstattungsholz für Möbel, Wand- und Deckenbekleidungen, Fußböden und Treppen. Spezialholz für Fässer, Bottiche usw. Zur Lagerung und zum Transport von festen Chemikalien und chemischen Lösungen.

Douglasie

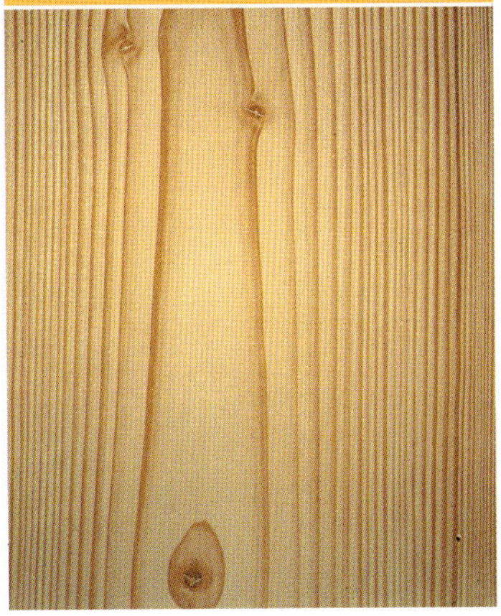

Holzbeschreibung:
Splint- und Kernholz sind farblich deutlich unterschieden. Das Splintholz ist von gelblicher bis rötlich weißer Farbe. Das Kernholz ist frisch gelblich braun bis rötlich gelb, unter Lichteinfluss stark braunrot nachdunkelnd und der Lärche sehr ähnlich. Mit markanter gestreifter bzw. gefladerter Zeichnung.
Eigenschaften:
Mittelschwer und ziemlich hart. Harzhaltig. Mit guten Festigkeits- und Elastizitätseigenschaften. Mäßig schwindend und mit gutem Stehvermögen. Bearbeitbarkeit unterschiedlich; engringiges Holz ist gut und sauber, grobringiges, astiges Holz ist schwieriger zu bearbeiten. Nach Entfernung eventuell ausgetretenen Harzes lassen sich die Oberflächen ohne Probleme behandeln. Der Witterung ausgesetzt, ist das Kernholz von guter natürlicher Dauerhaftigkeit.
Bevorzugte Verwendungen:
Bau- und Konstruktionsholz, Fassaden, Dachüberstände, Balkone, Haustüren, Garagentore, Fenster. Als Ausstattungsholz für Möbel, vor allem aber im Innenausbau für Wand- und Deckenbekleidungen, Treppen und Fußböden. Ferner für Rammpfähle, Masten, Gerüststangen und Pfähle.

Weymouthkiefer/Strobe

Holzbeschreibung:
Splint- und Kernholz sind farblich voneinander unterschieden, jedoch ist der Farbunterschied nur wenig ausgeprägt. Das Splintholz ist von gelblich weißer, das Kernholz von hellerer gelblich bis rötlich brauner Farbe, unter Lichteinfluss nachdunkelnd. Mit fest eingewachsenen rotbraunen Ästen. Nur schwach gezeichnet und ohne Harzgeruch. Im Aussehen der Zirbelkiefer sehr ähnlich.
Eigenschaften:
Sehr homogenes, ausgesprochen leichtes und weiches Holz. Mit nur niedrigen Festigkeitswerten und mäßiger Elastizität und von entsprechend geringer Tragkraft. Extrem wenig schwindend und mit vorzüglichem Stehvermögen. Sehr gut Schall und Temperaturen isolierend. Leicht und sauber zu bearbeiten, auch gut zu schnitzen und zu drechseln. Wird ausgetretenes Harz entfernt, lassen sich die Oberflächen ohne Probleme behandeln. Der Witterung ausgesetzt mäßig dauerhaft.
Bevorzugte Verwendungen:
Als Ausstattungsholz vielfach anstelle des knappen Zirbelkieferholzes für Möbel und in der Innenausstattung für Wand- und Deckenbekleidungen verwendet. Ebenso von Bildhauern und Holzschnitzern häufig statt der Zirbelkiefer verarbeitet.

Zirbelkiefer/Arve

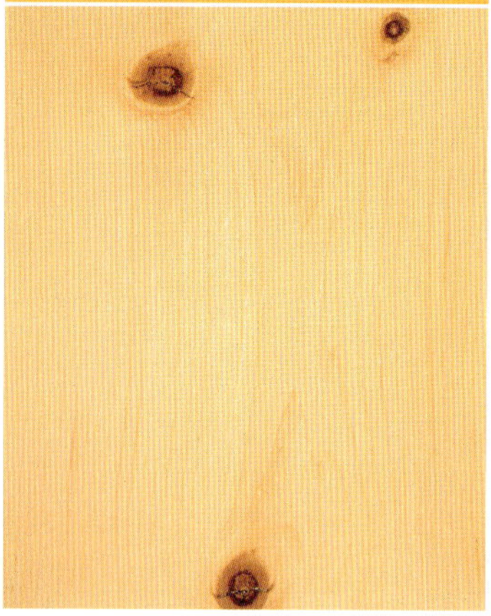

Holzbeschreibung:
Splint- und Kernholz sind farblich unterschieden. Das Splintholz ist gelblich weiß, das Kernholz gelbrötlich bis hellrotbraun gefärbt und dunkelt nach. Mit dunkelrotbraunen, fest eingewachsenen Ästen und wenig betonter Textur. Angenehm nach Harz riechend, Geruch lange andauernd. Sehr dekorativ.

Eigenschaften:
Nur mäßig schwer und weich. Mäßig fest und elastisch. Wenig schwindend und mit sehr gutem Stehvermögen. Das Holz lässt sich ausgesprochen gut bearbeiten, insbesondere hervorragend schnitzen. Auch die Behandlung der Oberflächen ist im Allgemeinen problemlos – ausgetretenes Harz ist zu entfernen, damit Lacke und Farben ohne Störung angenommen werden. Der Witterung ausgesetzt von guter natürlicher Dauerhaftigkeit.

Bevorzugte Verwendungen:
In nur begrenzter Menge verfügbar und in relativ kurzen Stammabschnitten (2 bis 4 m) anfallend. Begehrtes Ausstattungsholz für Möbel und im Innenausbau für Wand- und Deckenbekleidungen im Stil von Bauernstuben. Ebenso gesucht für Bildhauer- und Schnitzarbeiten. Im alpenländischen Raum wird die Zirbelkiefer zudem für Schindeln, Fenster und als Konstruktionsholz mit mäßiger Belastung verwendet.

Eiche

Es gibt die Stiel- oder Sommereiche und die Trauben- oder Wintereiche. Beide Arten sind in den Eigenschaften nahezu identisch.

Holzbeschreibung:
Splint- und Kernholz sind farblich deutlich unterschieden. Das meist schmale Splintholz ist gelblich weiß, das Kernholz gelbbraun gefärbt und nachdunkelnd. Das Holz ist grobporig, mit prägnanter gestreifter bzw. gefladerter Zeichnung.

Eigenschaften:
Mittelschwer bis schwer und hart. Mit ausgezeichneten Festigkeits- und Elastizitätseigenschaften und hohem Abnutzungswiderstand. Wenig schwindend und mit allgemein gutem Stehvermögen. Leicht und sauber zu bearbeiten. Oberflächenbehandlung ohne Probleme. In Verbindung mit Feuchtigkeit ergeben Eisenmetalle blauschwarze Reaktionsflecken; umgekehrt wirkt das Holz korrodierend auf das Eisen. Das Kernholz ist hoch witterungsbeständig, unter Wasser nahezu unbegrenzt haltbar. Das Splintholz dagegen ist äußerst pilzanfällig.

Bevorzugte Verwendungen:
Im Hoch-, Tief- und Wasserbau, für Fenster und Türen, im Boots- und Schiffbau, Fahrzeugbau usw. eingesetzt. Feinjähriges Holz wird im Möbelbau und im Innenausbau für dekorative Wand- und Deckenbekleidungen, Treppen und Fußböden verwendet.

Esche

Holzbeschreibung:
Splint- und Kernholz sind teils von gleicher heller weißlicher bis gelblicher oder weißrötlicher Färbung, teils mit unregelmäßig streifig lichtbraunem bis dunkel- oder schokoladenbraunem oder auch streifig olivbraunem Farbkern. Grobporig und mit markanter gestreifter bzw. gefladerter Textur.

Eigenschaften:
Mittelschweres Holz mit guten Festigkeitseigenschaften und hoher Elastizität. Von außergewöhnlicher Zähigkeit; hart und mit hoher Abriebfestigkeit. Nur mäßig schwindend und gut stehend. Mit allen Werkzeugen allgemein gut zu bearbeiten, insbesondere sehr leicht zu biegen. Die Oberflächenbehandlung ist problemlos; ausgesprochen gut beiz- und polierbar. Resistent gegenüber Chemikalien. Der Witterung ausgesetzt nicht dauerhaft.

Bevorzugte Verwendungen:
Als beliebtes Ausstattungsholz in Form von Massivholz und Furnieren vielfältig im Möbelbau einschließlich für Biegeformteile und im dekorativen Innenausbau für Wand- und Deckenbekleidungen, Parkettböden und Treppen eingesetzt. Spezialholz zur Herstellung von Werkzeugstielen und -griffen, Sportgeräten, Leitersprossen und -holmen. Außerdem für Drechslerwaren und Gussmodelle.

Ulme/Rüster

In Deutschland kommen drei Rüsterarten vor: Feldrüster, Bergrüster und Flatterulme.

Holzbeschreibung:
Splint- und Kernholz sind farblich deutlich voneinander unterschieden. Das z. T. sehr breite Splintholz ist hellgelb bis gelblich weiß, das Kernholz je nach Art und Standort hellbraun über rotbraun bis schokoladenbraun gefärbt; unter Lichteinfluss nachdunkelnd. Grobporig und mit markanter gestreifter bzw. gefladerter Textur. Sehr dekorativ.

Eigenschaften:
Mittelschwer und ziemlich hart. Mit guten Festigkeitseigenschaften und sehr elastisch und zäh. Mäßig schwindend und mit gutem Stehvermögen. Mit geschärften Werkzeugen allgemein gut bis befriedigend zu bearbeiten; gedämpft gut zu biegen. Die Behandlung der Oberflächen bereitet keine Schwierigkeiten; gut polierbar. Unter Wasser und im Boden von hoher Dauerhaftigkeit, jedoch weniger gut witterungsbeständig.

Bevorzugte Verwendungen:
Durch das so genannte Ulmensterben sind die Ulmenvorkommen stark dezimiert, sodass das Holz nicht in den gewünschten Mengen verfügbar ist. Rüster wird im Möbelbau und im Innenausbau für Wand- und Deckenbekleidungen, Treppen, Parkett, Türen und Einbaumöbel verwendet.

Edelkastanie

Holzbeschreibung:
Splint- und Kernholz sind farblich deutlich voneinander abgesetzt. Das schmale, oft nur zwei bis fünf Jahresringe breite Splintholz ist gelblich weiß gefärbt; das Kernholz von gelbbrauner bis dunkelbrauner Farbe; nachdunkelnd und dem Eichenholz sehr ähnlich. Grobporig und mit markanter gestreifter bzw. gefladerter Zeichnung.

Eigenschaften:
Mittelschwer und ziemlich hart. Mit guten Festigkeits- und Elastizitätseigenschaften. Zwar etwas stärker schwindend, jedoch nach der Trocknung mit befriedigendem Stehvermögen. Mit allen Werkzeugen gut zu bearbeiten. Die Behandlung der Oberflächen bereitet keine Schwierigkeiten. Der Witterung ausgesetzt mit hoher natürlicher Dauerhaftigkeit. Ebenso in ständigem Wasser- und Erdkontakt sehr dauerhaft.

Bevorzugte Verwendungen:
Wegen des nur begrenzten Mengenanfalls in Deutschland wenig bekannt und zumeist für Pfähle und im Lawinenverbau eingesetzt. Gutes Konstruktionsholz im Innen- und Außenbau. Wird für Täfelungen und Parkett sowie für Treppen und Türen eingesetzt.

Robinie

Holzbeschreibung:
Splint- und Kernholz sind farblich voneinander unterschieden. Das schmale, nur drei bis fünf Jahresringe umfassende Splintholz ist gelblich weiß bis hellgelb oder gelblich grün; Kernholz von gelblich grüner bis grünlich brauner oder hellbrauner Färbung, unter Lichteinfluss goldbraun oder schokoladenbraun nachdunkelnd, matt glänzend. Grobporig und mit gestreifter bzw. gefladerter Textur.

Eigenschaften:
Schwer und hart. Mit ausgezeichneten Festigkeitseigenschaften und zugleich von hoher Elastizität und großer Zähigkeit. Ferner mit hohem Durchbiegungsvermögen und Abnutzungswiderstand. Nur wenig schwindend und mit gutem Stehvermögen. Trotz der hohen Härte gut zu bearbeiten. Oberflächenbehandlung problemlos, sehr gut zu polieren. Das Kernholz ist der Witterung ausgesetzt von ausgesprochen hoher Dauerhaftigkeit; ebenso in Erd- und Wasserkontakt äußerst haltbar.

Bevorzugte Verwendungen:
Wegen des geringen Anfalls und der meist schlechten Stammform nur beschränkt nutzbar und meist als Pfahlholz eingesetzt. Beste Eignung für alle Anwendungsbereiche mit hohen Anforderungen an die Festigkeit, Härte und/oder Dauerhaftigkeit wie z. B. für Werkzeugstiele, Leitersprossen, Parkett, Treppenstufen, Fenster.

Buche

Holzbeschreibung:
Splint- und Kernholz sind teils gleichfarbig blassgelblich bis rötlich weiß, gedämpft rötlich braun; teils mit mehrzoniger oder wolkig abgestufter rotbrauner Kernfärbung. Feinporig, homogen strukturiert und ohne auffällige Zeichnung, mit Ausnahme der Spiegel auf den Radialflächen.
Eigenschaften:
Mittelschwer bis schwer. Mit hohen Festigkeitseigenschaften, großer Härte und Abriebfestigkeit, dazu zäh. Verhältnismäßig stark schwindend und mit geringem Stehvermögen. Mit allen Werkzeugen leicht und sauber bearbeitbar; gedämpft ausgezeichnet zu biegen. Die Oberflächen problemlos zu behandeln; gut zu polieren, beizen und färben. Nicht witterungsfest, jedoch leicht imprägnierbar.
Bevorzugte Verwendungen:
Mengenmäßig wichtigstes einheimisches Laubholz und äußerst vielseitig eingesetzt. Hauptverwendungsbereiche sind die Herstellung von Möbeln, der Innenausbau (Treppen, Parkett, Holzpflaster, Trennwände), Eisenbahnschwellen, Küchen und Haushaltsgeräte aller Art, Spielwaren, Werkzeugteile und -stiele, Drechslerwaren, Modellbau, Klavierbau, Verpackungen einschließlich Paletten, Span- und Faserplatten, Sperrholz, Multiplexplatten, Zellstoff, Papier, Holzkohle.

Ahorn

In Deutschland kommen drei Ahornarten vor: Bergahorn, Spitzahorn und Feldahorn. Als begehrte Nutzhölzer dienen insbesondere Bergahorn und daneben Spitzahorn, während Feldahorn wegen seiner geringen Abmessungen kaum von Bedeutung ist.
Holzbeschreibung:
Die Ahornarten zeichnen sich durch ein hellfarbiges, feinporiges Holz mit feiner, gleichmäßiger, zuweilen geriegelter Textur aus. Splint- und Kernholz sind farblich nicht unterschieden. Das hellste Holz mit gelblich weißer bis fast weißer Färbung liefert Bergahorn, während Spitzahorn von mehr gelblicher bis rötlicher Farbe ist.
Eigenschaften:
Mittelschweres Holz mit guten, der Buche vergleichbaren Festigkeitseigenschaften. Ziemlich elastisch und zäh, dazu hart und von hoher Abriebfestigkeit. Nur mäßig schwindend und mit gutem Stehvermögen. Gut zu bearbeiten und schöne glatte Oberflächen ergebend; auch die Oberflächenbehandlung ist problemlos. Wenig witterungsbeständig.
Bevorzugte Verwendungen:
Gesuchtes Holz für Möbelbau und Innenausbau (Wand- und Deckenbekleidungen, Parkett, Treppen). Zu den weiteren wichtigen Verwendungsbereichen gehören u. a.: Küchen- und Haushaltsgeräte, Spielwaren, Musikinstrumente, Schnitz- und Drechslerarbeiten.

Hainbuche

Holzbeschreibung:
Splint- und Kernholz sind farblich nicht unterschieden; von grauweißer bis gelblich weißer Farbe, feinporig, mit schlichter Textur.
Eigenschaften:
Schwer und ausgesprochen hart. Mit hohen Festigkeitswerten und von großer Elastizität, dabei zäh und schwer spaltbar. Stärker schwindend sowie mit weniger gutem Stehvermögen. Trotz hoher Härte mit allen Werkzeugen sauber zu bearbeiten, gut zu profilieren und drechseln. Die Behandlung der Oberflächen bereitet keine Schwierigkeiten, beiz- und polierbar. Nicht witterungsfest.
Bevorzugte Verwendungen:
Wegen der meist geringen Dimensionen und schlechten Stammformen Verwendung eingeschränkt. Spezialholz für Gebrauchsgegenstände, die einer starken Beanspruchung durch Stoß, Reibung oder Abrieb ausgesetzt sind: Maschinenteile, Werkzeuge, Werkzeugteile wie Hobel, Hobelsohlen, Stiele für Schlagwerkzeuge, Hämmer und Äxte, Hefte für Stech- und Lochbeitel, Webschützen und -hülsen, im Musikinstrumentenbau für Klaviermechaniken, Schuhmacherleisten, Gießereimodelle, Sportgeräte (Billardqueues), Haus- und Küchengeräte, Hackklötze für Metzgereien und Großküchen, Fußbodenbeläge für Maschinen- und Werkhallen. Ferner als Drechslerholz verwendet.

Birke

In Deutschland sind mit der Sandbirke und der Moorbirke zwei baumförmig wachsende Birkenarten heimisch. Ihr Holz weist keine nennenswerten Unterschiede auf.

Holzbeschreibung:
In der Regel ohne Farbkern und von gelblich weißer, rötlich weißer bis hellbräunlicher Farbe. Mit feinen bis mittelgroben Poren, zarter Fladerung und leicht seidigem Glanz; außerdem häufig mit Lichteffekten. Infolge welligen Faserverlaufs teilweise auch flammig-feldartig gezeichnet und dann besonders dekorativ.

Eigenschaften:
Mittelschwer und mit guten mechanisch-technologischen Eigenschaften. Elastisch und zäh, aber nicht besonders hart. Mäßig schwindend, jedoch mit weniger gutem Stehvermögen, da stärker arbeitend. Leicht und sauber zu bearbeiten. Ausgezeichnet beiz- und polierbar, wie auch sonst die Oberflächenbehandlung keine Schwierigkeiten bereitet. Nicht witterungsfest.

Bevorzugte Verwendungen:
Massiv und in Form von Furnieren im Möbelbau und Innenausbau (für dekorative Bekleidungen mit Lichteffekten und Parkett). Außerdem zur Imitation von Edelhölzern wie Nussbaum und Kirschbaum für Stilmöbel. Geschätztes Holz für Drechsler- und Schnitzarbeiten sowie für Sportgeräte und Musikinstrumente.

Pappel

Man kennt Aspe (= Zitterpappel, Espe), Weiß- oder Silberpappel und Schwarzpappel. Pappelnutzholz stammt überwiegend von als so genannte Wirtschaftspappeln angebauten Kultursorten.

Holzbeschreibung:
Aspe mit gleichfarbigem gräulich weißem bis gelblich weißem Splint- und Kernholz. Weiß- und Schwarzpappel mit breitem weißlichem Splintholz und schwach rötlich braunem bis bräunlichem Kernholz. Feinporig, kaum gezeichnet.

Eigenschaften:
Leichtes bis mittelschweres, sehr weiches Holz, jedoch mit relativ hohem Abnutzungswiderstand. Nur mäßig schwindend und mit gutem Stehvermögen. Allgemein leicht zu bearbeiten, aber teilweise weniger glatte, wollige Oberflächen ergebend. Die Oberflächenbehandlung bereitet keine Schwierigkeiten; gut beizbar, aber unbefriedigend polierbar. Nicht witterungsfest.

Bevorzugte Verwendungen:
Spezialholz für Zündhölzer, Holzschuhe, Prothesen und im Saunabau für Sitz- und Liegebänke. In der Verpackungsindustrie für Obst- und Gemüsesteigen, Spankörbe, Käseschachteln, Geschenkverpackungen, Kisten und Paletten eingesetzt. Außerdem für Back- und Schlachtmulden, Hutformen, Zeichenbretter und als Schnitzholz verwendbar.

Weide

Die Silber- oder Weißweide hat verschiedene Unterarten und Varietäten wie z. B. die Dotterweide. Andere baumförmige Weidenarten sind die Bruchweide und Salweide.

Holzbeschreibung:
Splint- und Kernholz sind farblich unterschieden. Das oft breite Splintholz ist von weißlicher bis gelblich weißer, das Kernholz von hellbräunlicher bis rötlich brauner Färbung. Feinporig, mit zarter Streifen- bzw. Fladerzeichnung.

Eigenschaften:
Mittelschwer und sehr weich. Von nur geringer Festigkeit und wenig elastisch. Mäßig schwindend und mit befriedigendem Stehvermögen. Bearbeitung setzt gut geschärfte Werkzeuge voraus, da leicht ausfasernd. Nicht immer glatte Oberfläche ergebend. Die Behandlung der Oberflächen ist unproblematisch; gut zu beizen und lackieren, jedoch nicht befriedigend polierbar. Nicht witterungsfest.

Bevorzugte Verwendungen:
Grundsätzlich überall dort einsetzbar, wo Pappel Verwendung findet, wenn nicht speziell gleichmäßig hellfarbiges Holz gefordert ist. Ferner für Schaufel- und Rechenstiele. Größere Bedeutung als den Baumweiden kommt den strauchförmigen Weiden als so genannte Flechtweiden für die Herstellung von Körben und Korbwaren aller Art zu.

Erle

Man kennt Schwarz- oder Roterle sowie Weiß- oder Grauerle. Nutzholz liefert vornehmlich die Schwarzerle.

Holzbeschreibung:
Splint- und Kernholz sind farblich nicht unterschieden; Holz rötlich weiß, rötlich gelb bis hellrötlich braun gefärbt. Feinporig, von feiner, geradfaseriger Struktur und zarter Fladerung.

Eigenschaften:
Mittelschwer und weich. Wenig fest bzw. tragfähig und wenig elastisch. Mäßig schwindend und mit gutem Stehvermögen. Leicht und sauber zu bearbeiten, gleichmäßig glatte Oberflächen ergebend. Dünnes Holz beim Nageln zum Splittern neigend. Oberflächenbehandlung ohne Probleme, insbesondere vorzüglich zu polieren und beizen. Nur wenig witterungsfest, jedoch unter Wasser von außerordentlich hoher, der Eiche nur wenig nachstehender Dauerhaftigkeit.

Bevorzugte Verwendungen:
Im Möbelbau, Uhrengehäusebau und für Restaurierungen als Vollholz zur Imitation von Nussbaum, Kirschbaum und Mahagoni. Im Innenausbau als Blindholz und für Unterkonstruktionen. Ferner für Drechsler- und Schnitzarbeiten, Leisten aller Art, Stiele für Schaufeln, Rührwerkzeuge, Gartengeräte und Pinsel, Spielwaren, Gussmodelle, Schuhabsätze, Akkordeongehäuse.

Linde

In Deutschland sind zwei Lindenarten heimisch: Winterlinde und Sommerlinde. Ihr Holz weist keine verwendungstechnisch relevanten Unterschiede auf. Bei der so genannten holländischen Linde handelt es sich um eine Kreuzung der beiden Arten.

Holzbeschreibung:
Splint- und Kernholz sind farblich nicht unterschieden. Holz von weißlicher bis gelblicher Farbe, dabei öfter etwas hellbräunlich oder rötlich getönt; zuweilen auch grünlich gestreift oder gefleckt. Feinporig, von gleichmäßiger, feiner Struktur und ohne deutliche Zeichnung.

Eigenschaften:
Mittelschwer und weich. Nur wenig fest und elastisch. Zwar stärker schwindend, aber nach der Trocknung mit gutem Stehvermögen. Leicht und sauber bearbeitbar, insbesondere in jeder Richtung hervorragend zu schnitzen und drechseln. Oberflächenbehandlung problemlos, insbesondere gut zu polieren und ausgezeichnet zu beizen und einzufärben. Nicht witterungsfest.

Bevorzugte Verwendungen:
Zu den Hauptverwendungsbereichen des Lindenholzes gehört seit jeher die Bildhauerei, Schnitzerei und Drechslerei. Im Möbelbau für geschnitzte Teile, Zierleisten und Kassettenfüllungen sowie als Imitationsholz für Nussbaum und Kirschbaum eingesetzt.

Rosskastanie

Die Rosskastanie ist zu unterscheiden von der Edelkastanie, die ein bezüglich Aussehen und Eigenschaften wesentlich anderes Holz liefert.

Holzbeschreibung:
Splint- und Kernholz sind von mehr oder weniger ähnlicher heller, gelblich weißer bis schwach rötlicher oder bräunlicher Färbung. Teilweise auch unterschiedlich stark streifig durchzogen. Sehr feinporig, von homogener, feinfaseriger Struktur und ohne deutliche Zeichnung. Meist drehwüchsig. Schlicht – bei welligem Faserverlauf jedoch geflammt und dann dekorativ.

Eigenschaften:
Mittelschwer und ziemlich weich. Von nur geringer Festigkeit und Elastizität. Mäßig schwindend und mit gutem Stehvermögen. Mit gut geschärften Werkzeugen leicht und sauber zu bearbeiten. Beizen, Farben und Lacke problemlos annehmend; ebenso gut polierbar. Nicht witterungsfest.

Bevorzugte Verwendungen:
Da meist drehwüchsig, vielfach fehlerhaft und von schlechter Stammform, ist die Verwendung begrenzt. Meist für Verpackungen (leichte Kisten, Obst- und Gemüsesteigen, Paletten) eingesetzt und von der Span- und Faserplattenindustrie aufgenommen. Gute Qualitäten lassen sich beispielsweise für gröbere Drechsler- und Schnitzarbeiten nutzen.

Nussbaum

Holzbeschreibung:
Splint- und Kernholz sind farblich deutlich unterschieden. Das 5 bis 10 cm breite Splintholz ist grauweiß bis rötlich weiß gefärbt, das Kernholz in Abhängigkeit von Alter und Standort sehr variabel von hellgrauer, über mausgrauer bis dunkelbrauner oder violettbrauner Farbe, dabei oft mit Farbstreifen, unregelmäßiger Aderung oder wolkiger Färbung. Unabhängig hiervon infolge der meist deutlichen Jahresringstruktur mit schöner Flader- bzw. Streifenzeichnung; teils auch mit geriegelter oder geflammter Textur. Relativ grobporig. Besonders schönfarbiges, sehr dekoratives Holz.

Eigenschaften:
Zwischen mittelschwer bis schwer einzustufen und mit guten Festigkeitseigenschaften, vor allem äußerst biegefest. Mäßig schwindend und mit gutem Stehvermögen. Leicht und glatt zu bearbeiten, insbesondere gut zu profilieren, zu drechseln und zu schnitzen. Das Holz lässt sich gut polieren, wie auch die sonstige Oberflächenbehandlung problemlos ist. Mäßig witterungsfest.

Bevorzugte Verwendungen:
Wie Kirschbaum ein ausgesprochenes Ausstattungsholz und gleich diesem als Massivholz und Furnier für Möbel, Musikinstrumente (Klaviere) und besonders im anspruchsvollen Innenausbau sehr geschätzt.

Kirschbaum

Es gibt die wildwachsende Kirsche oder Vogelkirsche des Waldes sowie verschiedene Süßkirschensorten.

Holzbeschreibung:
Splint- und Kernholz sind farblich unterschieden: Der schmale Splint ist gelblich bis rötlich weiß, das Kernholz im frischen Zustand nur wenig dunkler, gelblich bis hellrötlich braun, unter Lichteinfluss jedoch zu einem warmen rötlich braunen bis hellgoldbraunen Alterston nachdunkelnd. Feinporig und mit zarter, bisweilen auch geflammter Zeichnung. Besonders dekoratives, Eleganz ausstrahlendes Holz.

Eigenschaften:
Mittelschwer und mit guten Festigkeits- und Elastizitätseigenschaften. Mäßig schwindend. Leicht und sauber zu bearbeiten, gedämpft ausgezeichnet zu biegen sowie gut zu polieren, beizen und färben. Auch die sonstige Oberflächenbehandlung ist problemlos. Nicht witterungsfest.

Bevorzugte Verwendungen:
Als Ausstattungsholz massiv und als Furnier vorrangig im Möbelbau für Stilmöbel und moderne Möbel sowie im anspruchsvollen Innenausbau für Wand und Deckenbekleidungen, Türen, Treppen und Einbaumöbel von Geschäfts- und Repräsentationsräumen eingesetzt. Beliebtes Drechsler- und Schnitzereiholz, für kunstgewerblichen Gebrauch.

Elsbeere

Holzbeschreibung:
Splint- und Kernholz sind von gleichmäßiger heller gelblich weißer bis rötlich brauner, unter Lichteinfluss nachdunkelnder Farbe; gedämpft mit warmen hellen bis dunklen Rottönen. Feinporig, ohne auffällige Zeichnung. Sehr dekorativ.

Eigenschaften:
Schwer und hart. Mit guten Elastizitäts- und Festigkeitseigenschaften. Stärker schwindend, jedoch nach der Trocknung mit gutem Stehvermögen. Gut und sauber zu bearbeiten, die Werkzeuge sollten aber sorgfältig geschärft sein. Die Bearbeitung der Oberflächen ist in jeder Hinsicht problemlos. Von nur geringer natürlicher Dauerhaftigkeit.

Bevorzugte Verwendungen:
Gesuchtes und hoch bezahltes Ausstattungsholz für die Herstellung exklusiver Möbel und für den anspruchsvollen Innenausbau. Im Musikinstrumentenbau für Mechanikteile von Klavieren und Cembalos, für Orgelpfeifen und Dudelsackpfeifen sowie Blockflöten. Ferner Spezialholz u. a. für Mess- und Zeichengeräte, Stiele und feine Schnitz- und Drechslerarbeiten.

Die tropischen Wälder unserer Erde geraten mehr und mehr in Gefahr.

Holzarten der Erde

Global gesehen, bestehen die Wälder zu rund 60 % aus Laubhölzern und zu 40% aus Nadelhölzern. Ein Drittel der Kontinente ist von Wäldern bedeckt. Dabei gibt es drei Hauptzonen, wie die Grafik unten zeigt. Man kennt weltweit mehr als 44000 Baumarten, davon gelten rund 12000 als Nutzhölzer.
Die Nadelhölzer (Weichhölzer) werden in erster Linie als Bauholz sowie als Rohstoff für die Papierproduktion verwendet. Laubhölzer (Harthölzer) setzt man dagegen bevorzugt für die Möbelproduktion ein.
Blickt man über Deutschlands und Europas Grenzen hinaus, ist es vor allem ein Thema, das seit vielen Jahren die Gemüter der Naturschützer erhitzt: der Tropenholzhandel. Tropenhölzer wachsen in den tropischen und subtropischen Wäldern Asiens, Afrikas und Lateinamerikas. Am bekann-

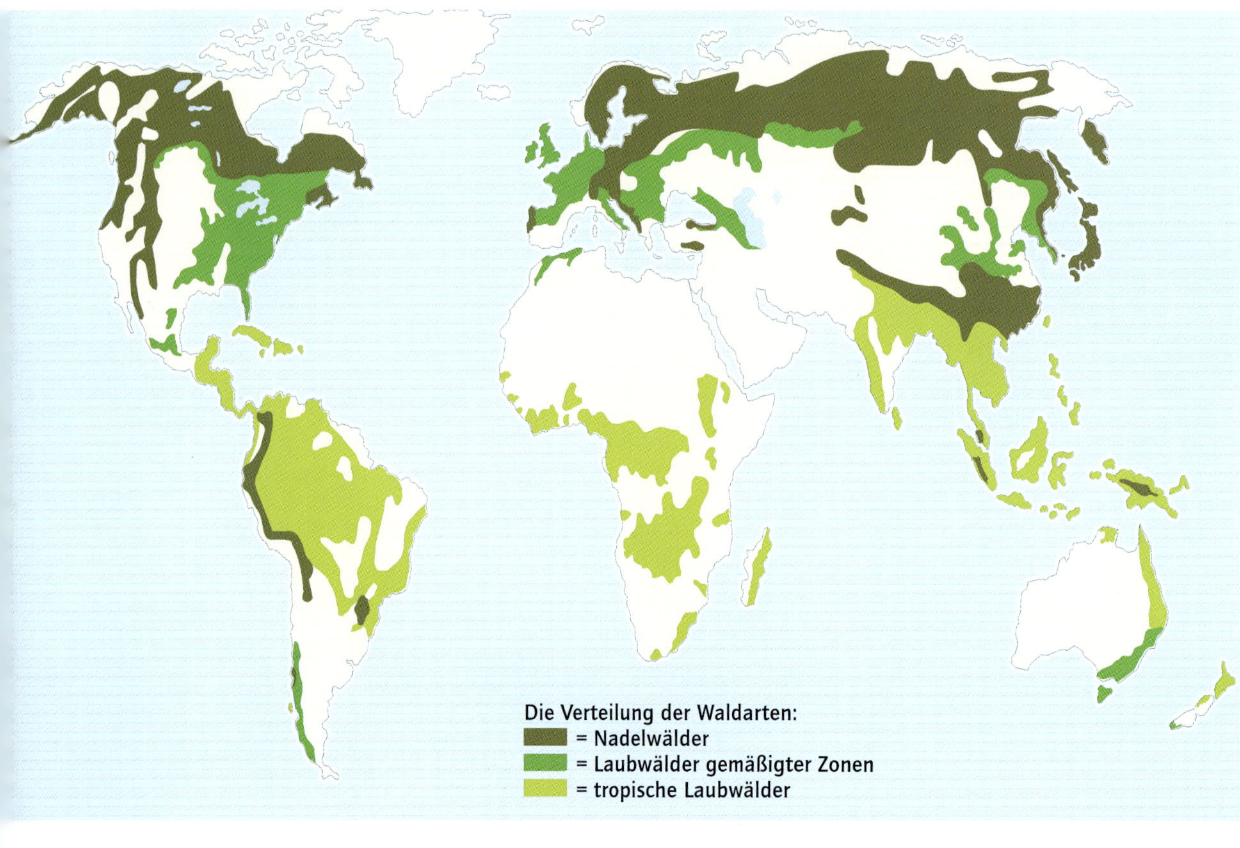

Holzlagerplatz in Vietnam

testesten sind bei uns Mahagoni, Teak und Palisander, weil diese Arten häufig für Möbel und Luxusartikel verwendet werden. Doch auch andere Arten, wie zum Beispiel Meranti, Ramin und Gabun, werden importiert und in Europa weiterverarbeitet. Mittlerweile ist es zwar allgemein bekannt, dass der tropische Regenwald ein komplexes Ökosystem darstellt, dessen Erhalt für die gesamte Weltbevölkerung von höchster Wichtigkeit ist. Umso erschreckender sind die Zahlen, die dessen zunehmende Zerstörung dokumentieren. Bedeckten die Tropenwälder ursprünglich 11% der Landfläche unseres Planeten, so sind es heute nur noch 6%. Vor allem in den letzten 30 Jahren ist die Rodung in einer beängstigenden Geschwindigkeit fortgeschritten. In jeder Minute werden etwa 6000 Bäume gefällt. Natürlich ist auch eine kontrollierte und umweltverträgliche Nutzung von Tropenholz möglich, solche Projekte sind bis jetzt aber

Zum Abtransport werden Pisten durch den Dschungel geschlagen.

Auch durch Brandrodung geht tropischer Regenwald verloren.

Der Holzeinschlag in den Tropen muss kontrolliert vorgenommen werden.

eher die Ausnahme als die Regel. Meist werden ohne Rücksicht auf die natürliche Regeneration des Tropenwaldes die besonders wertvollen und damit Profit bringenden Baumriesen gefällt. Dabei entsteht zusätzlicher Schaden für das Ökosystem, weil man bis zu 70 Meter breite Straßenschneisen schlagen muss.
Tropenholz aus Plantagenanbau scheint hier eine sinnvolle Alternative zu sein. Das trifft allerdings nur bedingt zu, denn diese Plantagen entstehen stets auf zuvor gerodeten Flächen. Sie sind kein Ersatz für natürlich gewachsenen Wald und bieten Tieren kaum Lebensraum.

FSC ©

Dieses Siegel steht für ökologische Nutzung von Tropenholz.

Vor dem Hintergrund dieser Horrorszenarien haben sich viele Verbraucher schon dazu entschlossen, auf den Kauf von Tropenholzmöbeln zu verzichten oder auf Produkte mit Gütesiegeln auszuweichen. Auf Etiketten mit der Aufschrift „Keine Schädigung des Regenwaldes" o. Ä. ist allerdings in den wenigsten Fällen Verlass. Die Umweltschutzorganisation Robin Wood hat schon mehrfach nachgewiesen, dass es sich bei vielen dieser Aufdrucke bei Importhölzern schlichtweg um Fälschungen handelt. Das einzige Siegel, das von den Umweltverbänden als wirklich aussagekräftig akzeptiert wird, ist das so genannte FSC-Zertifikat, das vom internationalen Forest Stewardship Council vergeben wird. Das FSC-Siegel erhalten nur Unternehmen, die glaubhaft nachweisen

können, dass sie den zehn Grundsätzen des Forest Stewardship Council genügen. Diese Grundsätze beinhalten nicht nur, dass der Wald lediglich in einem ökologisch vertretbaren Maß bewirtschaftet werden darf. Der FSC berücksichtigt in seinen Richtlinien auch, dass die wirtschaftliche Nutzung der Wälder in erster Linie der einheimischen Bevölkerung zugute kommt. Auf jeden Fall soll verhindert werden, dass ausländische Rohstoff-Konzerne sich auf Kosten von Natur und Menschen der tropischen Gebiete bereichern.
Auf das Drängen von Robin Wood und anderen Verbänden haben sich inzwischen zahlreiche Handelsketten in Deutschland dazu verpflichtet, nur noch FSC-gekennzeichnetes Tropenholz anzubieten. Weitere Informationen zum Thema Tropenholz finden Sie unter: www.fsc-deutschland.de oder www.umwelt.org/robin-wood.

Tropisches Bangkirai-Holz, das bei uns für Terrassenbeläge benutzt wird

Solche unberührten Regenwälder müssen in ausreichender Zahl erhalten bleiben.

Die Herstellung von Schnittholz

Der Holzeinschlag

Traditionell ist der Winter bis ins Frühjahr die hohe Zeit des Holzeinschlags, wie der Fachmann das Fällen der Bäume nennt. In dieser Zeit ist der Saftstand niedrig und das Holz dadurch relativ leicht. In unseren forstwirtschaftlich genutzten Wäldern werden die Bäume nach Plan geschlagen. Man markiert solche Stämme, die reif sind bzw. herausgeschlagen werden müssen, damit die anderen entsprechend mehr Platz zum Wachsen bekommen.
Äxte und Handsägen gehören beim Holzeinschlag längst der Vergangenheit an. Heute arbeitet man mit modernen Motorsägen. Mehr und mehr kommen zudem Holzerntemaschinen zum Einsatz, die den Baum nicht nur fällen, sondern automatisch auch entasten und verladefertig machen. Solche schweren Maschinen können aber nur in gut zugänglichen Forsten arbeiten. In steilen Berghängen bleibt der Holzeinschlag individuelle Handarbeit. Sogar Pferde werden dort noch für den Abtransport eingesetzt.
Wer ein eigenes Waldstück besitzt oder in seinem Garten zu groß gewordene Bäume fällen will, muss wissen, wie man die Schnitte richtig ansetzt. Man braucht dazu eine Kettensäge, am besten mit Benzinmotor.

Ein Baum wird mithilfe einer Motorsäge gefällt. Diese Arbeit ist sehr gefährlich. Nur wenn die Schnitte fachmännisch gesetzt werden, fällt der Baum exakt in die gewünschte Richtung.

Fichtenstämme, die für den Abtransport vorbereitet sind. Die Menge wird in Festmetern gemessen.

Diese Eichenstämme sind nicht gerade gewachsen. Sie werden zu Brennholz weiterverarbeitet.

Einen Baum fällen

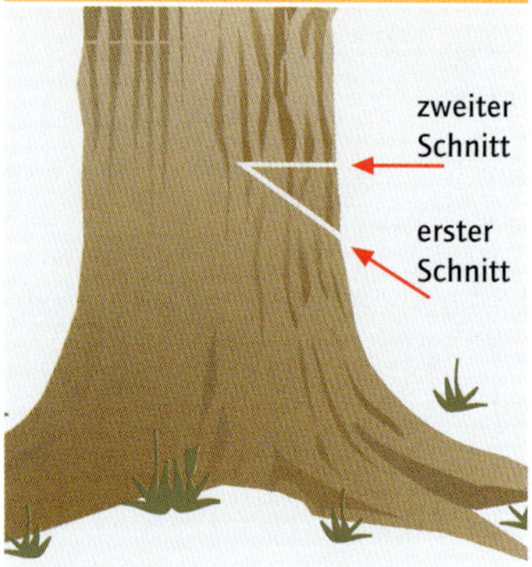

1

Der erste Schnitt erfolgt im Winkel von 45° bis zu einer Tiefe von einem Drittel des Stammdurchmessers.

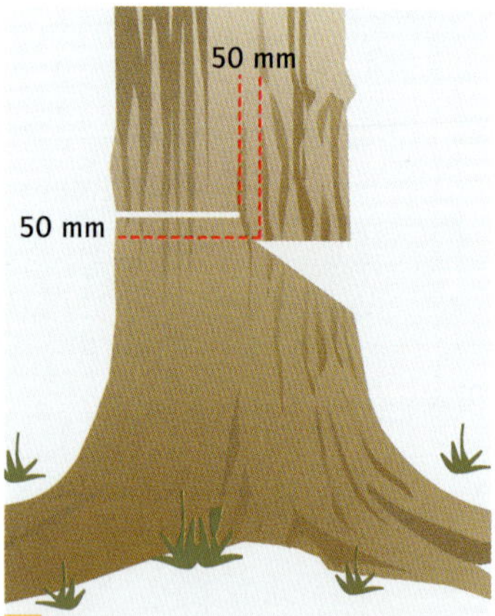

2

Der zweite Schnitt erfolgt waagerecht. Dann kommt der Fällschnitt 5 cm über der Fallkerbe.

3

Der Fällschnitt endet 5 cm vor der Fallkerbe. Das stehen bleibende „Scharnier" kontrolliert die Fallrichtung und verhindert einen Rückschlag des Stammes.

Sehnen- oder Fladerschnitt (1)

Flader- und Riftschnitt (2)

Radial- oder Spiegelschnitt (3)

Radial- oder Spiegelschnitt (4)

Es ist wichtig, dass der Baum genau in die geplante Richtung fällt. Die Zeichnungen ganz links zeigen die einzelnen Schritte. Erst schneidet man eine Kerbe auf der Seite, zu der der Baum fallen soll. Dann wird auf der Gegenseite der Fällschnitt gesetzt.

Das Aufschneiden der Stämme im Sägewerk

Die gefällten Stämme werden bei forstwirtschaftlicher Nutzung in Abschnitte zerlegt und dann im Sägewerk aufgeschnitten.
Beim Sehnen- oder Fladerschnitt (1) trennt man den Stamm parallel zur Längsachse auf. Nur die Mittelbretter weisen bei dieser Schnittart parallele Jahresringe auf. Dieses Holz ist relativ formbeständig. Die so genannten Seitenbretter dagegen mit ihrer flammenförmigen Maserung sehen zwar dekorativ aus, verziehen sich beim Trocknen aber leicht. Bei der Kombination von Flader- und Riftschnitt (2) wird der Mittelteil des Stammes senkrecht zur Längsachse getrennt.
Beim Radial- oder Spiegelschnitt gibt es zwei Varianten (3 und 4). Bei dieser Schnittmethode werden die Stämme zunächst der Länge nach in Viertel geteilt und dann mit radial verlaufenden Schnitten weiter zerlegt. Die dabei entstehenden Bretter zeigen parallel verlaufende Jahresringe auf den Flächen. Sie sind sehr stabil und werden für stark belastete Rahmenkonstruktionen verwendet. Da der Holzverlust bei dieser Schnittart recht hoch ist, wird der Radial- oder Spiegelschnitt nur bei wertvollen Hölzern angewandt.
Wenn Holz trocknet, schwindet es. In Richtung der Jahresringe ist der Schwund etwa doppelt so groß wie in Richtung der Markstrahlen. Daher schwinden im Radialschnitt gewonnene Bretter mit stehenden Jahresringen nur wenig in der Breite und Stärke. Seitenbretter aus dem Sehnen- oder Fladerschnitt mit liegenden Jahresringen schwinden allerdings stark in der Breite. Bei allen Übergängen von stehenden zu liegenden Jahresringen werfen sich die Bretter durch das unterschiedliche Schwundverhalten.
Zur Trocknung werden die Bretter im Freien auf Stapelleisten geschichtet, damit die Luft dazwischen zirkulieren kann. Hartholz braucht zum Trocknen etwa ein Jahr pro 25 mm Materialstärke. Bei Weichholz ist es die Hälfte.

Das Schwundverhalten von Schnittholz nach Verlauf der Jahresringe

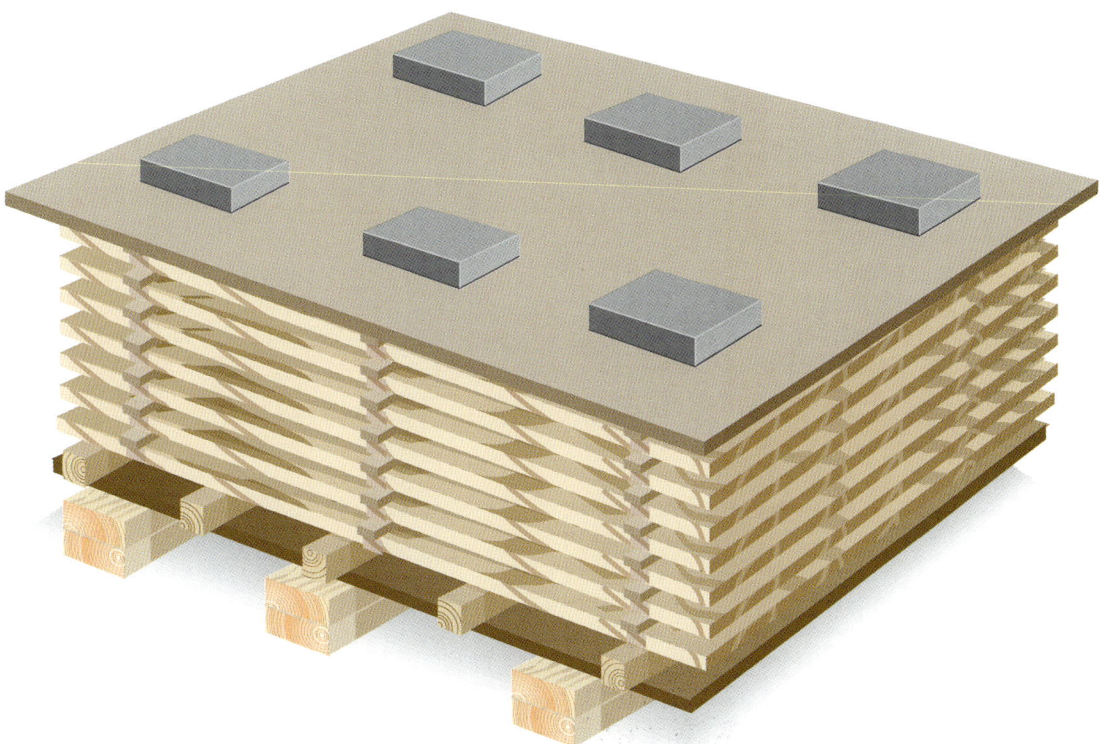

Zum Trocknen legt man 25 mm dicke Stapelleisten in Abständen von 45 cm zwischen die Bretter. Kontakt zum Boden ist zu vermeiden. Oben schützt eine wetterfeste Abdeckung mit Beschwerung den Brettstapel.

Nach dem Aufschneiden und Trocknen werden die Vollholzprodukte zu transportgerechten Einheiten zusammengebunden.

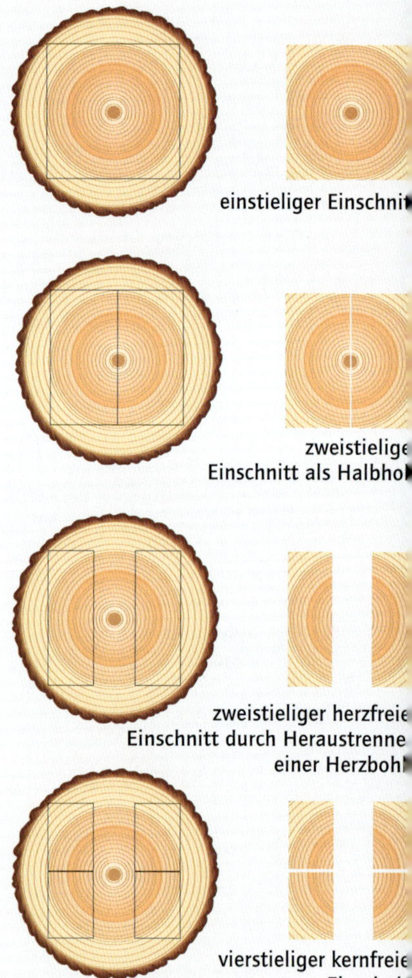

Einschnittarten bei Vollholz

Jeder gut sortierte Holzhändler bietet Latten, Bretter, Bohlen und Kanthölzer in den gebräuchlichen Querschnitten an.

Kantholz, das durch einstieligen Einschnitt entstanden ist

Bauschnittholz

Unter den konstruktiven Vollholzprodukten nimmt Bauschnittholz – im Wesentlichen aus heimischen Nadelhölzern gewonnen – eine hervorragende Stellung ein. Die Holzarten sind Fichte, Tanne, Kiefer, Lärche und Douglasie. Weitere Nadelholzarten sind gemäß DIN für die Verwendung von Bauschnittholz zulässig, aber nicht gebräuchlich.
Die rechteckigen Querschnitte, die beim Auftrennen der Stämme im Sägewerk entstehen, werden je nach Verhältnis von Höhe und Breite in Latten, Bretter, Bohlen und Kanthölzer unterschieden.

Holzmaße

	Dicke d bzw. Höhe h	Breite b
Latte	d ≤ 40 mm	b < 80 mm
Brett	d ≤ 40 mm	b ≥ 80 mm
Bohle	d > 40 mm	b > 3d
Kantholz	b ≤ h ≤ 3b	b > 40 mm

Kanthölzer werden beim Bauen als Stützen, Träger, Balken, Pfetten und Sparren eingesetzt. Zu nennen ist auch die Verwendung im Schalungsbau und im Tiefbau. Bohlen nutzt man hauptsächlich für die Herstellung belastbarer Flächen: Gerüstbohlen, Laufplanken, Brückenbeläge, Balkone und Terrassen sowie als Auflage über Deckenbalken.
Bretter dienen beispielsweise als aussteifende Dachschalung oder als Terrassendecks.
Latten werden unter anderem als Unterkonstruktion für Dacheindeckungen und Fassadenverkleidungen genutzt.

Baurundhölzer werden von Ästen und Rinde befreit und teilweise auf definierte Durchmesser gefräst.

Die Oberflächen von Bauschnittholz sind üblicherweise sägerau. Für Anwendungen im Sichtbereich wird die Oberfläche gelegentlich gehobelt oder angefast.
Die Holzfeuchte darf bei Bauschnittholz aus Nadelholz maximal 20 % betragen.
Für den Bau von Holzhäusern verwendete Produkte dürfen höchstens 18 % Holzfeuchte enthalten. In der Regel werden die Hölzer heute in Trockenkammern auf die erforderlichen Werte heruntergetrocknet, um die vorgeschriebenen Werte einzuhalten.

Rissbildungen sind bei Bauschnittholz nach DIN zulässig.

Bohlen haben eine Dicke von mehr als 40 mm.

Latten sind maximal 40 mm dick.

Konstruktionsvollholz mit Keilverzinkung

Konstruktionsvollholz wird vornehmlich beim Holzhausbau eingesetzt.

Der Duo-Balken besteht aus zwei verleimten Lamellen.

Konstruktionsvollholz

Als Konstruktionsvollholz bezeichnet der Fachmann Produkte, die durch Veredelung von Bauschnittholz entstehen. Durch gezielte Wahl des Einschnitts und durch technische Trocknung wird eine hohe Formstabilität erreicht und die Rissbildung minimiert. Auch die Sortierkriterien sind anspruchsvoller als bei einfachem Bauschnittholz, sodass hochwertige Oberflächen für die sichtbare Anwendung der Hölzer gewährleistet sind.
Bei der Herstellung von Konstruktionsvollholz ist nur der herzfreie Einschnitt erlaubt (siehe Grafik Seite 30). Durch technische Trocknung muss eine Holzfeuchte von 30 plus/minus 3% erreicht werden. Hölzer mit starker Astbildung, Rissen, Verfärbungen, Harzgallen usw. werden aussortiert.
Die Oberflächen der Hölzer werden meist gehobelt und gefast, die Enden rechtwinklig gekappt. Konstruktionsvollhölzer dürfen in der Länge durch so genannte Keilzinkung (eine formschlüssige Verleimung) miteinander verbunden werden, wie man es in den beiden oberen Abbildungen links sehen kann.
Die Standardquerschnitte von Konstruktionsvollhölzern liegen bei Dicken zwischen 60 und 120 mm sowie Breiten von 120 bis 240 mm.
Konstruktionsvollholz darf für tragende und/oder aussteifende Konstruktionen verwendet werden, für die auch die Verwendung von Bauschnittholz zugelassen ist. Aufgrund seiner hohen Formstabilität und der niedrigen Holzfeuchte wird Konstruktionsvollholz insbesondere für den Bau von Holzhäusern eingesetzt.

Duo- und Trio-Balken

Als Duo- bzw. Trio-Balken bezeichnet man Balken, die aus zwei bzw. drei flachseitig faserparallel miteinander verklebten Bohlen oder Kanthölzern bestehen. Andere

Bezeichnungen für diese Produkte sind Balkenschichtholz, Lamellenholz oder Lamellenbalken.
Bei der Herstellung werden die verwendeten Bohlen oder Kanthölzer durch technische Trocknung auf eine Holzfeuchte von maximal 15 % gebracht und durch Keilzinkung in der Länge miteinander verbunden. Dann schneidet man diese so genannten Lamellen auf Länge und hobelt sie. Nachdem die Breitseiten der Lamellen flächig mit Holzleim versehen wurden, verklebt man zwei oder drei Lagen unter hohem Druck miteinander. Die so entstandenen Balken werden zuletzt gehobelt angefast und auf Länge zugeschnitten.
Bei Duo-Balken liegen die Breiten zwischen 8 und 16 cm, die Höhen zwischen 10 und 24 cm. Bei Trio-Balken gibt es Breiten von 18 bis 24 cm und Höhen von 10 bis zu 24 cm. Je nach Querschnitt betragen die Lieferlängen bis 18 m.
Duo- und Trio-Balken dürfen nur im Innenbereich bzw. im überdachten Außenbereich eingesetzt werden. Sie sind der ideale Baustoff für Holzhäuser.

Kreuzbalken

Kreuzbalken bestehen, wie die Abbildungen rechts unten zeigen, aus je vier miteinander verklebten Rundholzsegmenten. Deren Außenseite wird beim Verkleben nach innen gewendet, sodass innerhalb des rechteckigen Querschnitts eine durchlaufende Röhre entsteht. Auch hier muss das Holz auf unter 15 % Feuchte gebracht werden. Auch die anderen Kriterien der Herstellung ähneln denen von Lamellenbalken. Kreuzbalken werden in Querschnitten von 8 x 10 cm bis 20 x 26 cm angeboten. Die Länge beträgt maximal 12 m. Kreuzbalken dürfen für alle tragenden und aussteifenden Bauteile verwendet werden, für die eine Verwendung von Vollholz oder Brettschichtholz erlaubt ist. Damit kommt dieses Produkt ebenfalls vornehmlich beim Bau von Holzhäusern zum Einsatz.

Auch Duo-Balken werden hauptsächlich für den Hausbau verwendet.

Der Trio-Balken weist drei verleimte Lamellen auf.

Der Kreuzbalken hat im Inneren eine durchlaufende Röhre.

Brettschichtholz, hier aus vier Lagen bestehend

Brettschichtholz

Dieses auch als Leimbinder oder Leimbalken bezeichnete Produkt wird für besonders hoch belastete und weit gespannte Bauteile benutzt. Die Herstellung ähnelt den bei Duo- und Trio-Balken beschriebenen Verfahren. Es werden nur wesentlich mehr Lamellen miteinander verleimt.

Die Höhen von Brettschichthölzern reichen bis 200 cm, die Breiten bis 22 cm. Die Längen betragen bis 30 m, bei einzelnen Herstellern sogar bis 60 m.

Die Oberfläche wird bei Brettschichthölzern gehobelt, die Kanten werden gefast.

Hochwertige Vollholzbalken werden für die Holzskelettbauweise benötigt.

Hobelware und Leisten

Neben den meist ungehobelten Schnitthölzern bieten Holzfachmärkte sowie Bau- und Heimwerkermärkte eine Vielzahl an gehobelten Latten, Brettern und Kanthölzern an. Insbesondere das Angebot an gehobelten Leisten ist sehr vielfältig. Man unterscheidet zwischen Hohlkehlleisten, Halbrund- und Rundstäben, Viertelstäben und Rechteck- bzw. Quadratleisten. Daneben gibt es verschiedenste Profilleisten, die meist als Abschlussleisten, Zierleisten oder Bilderrahmenleisten Verwendung finden.

Profilbretter für Verkleidungen werden als Hobelware angeboten.

Abschlussleisten gibt es in verschiedenen Profilierungen und Oberflächenbeschichtungen.

Leimhölzer für den Möbelbau

Große Platten entstehen aus zusammengeleimten Brettern

Gehobelte Bretter gibt es nur in Breiten bis etwa 20 cm. Für den Bau massiver Möbel braucht man aber großformatige Teile. Also werden schmale Einzelbretter Kante an Kante stumpf verleimt, um Korpusteile der gewünschten Dimensionen herzustellen.
Heute stehen für diesen Zweck aber auch industriell gefertigte Leimholzplatten in verschiedenen Formaten und Holzarten zur Verfügung. Dennoch wird die klassische Methode der Breitenverbindung mit stumpfen Fugen nach wie vor angewandt.
Man kann durch entsprechende Auswahl der Bretter bestimmte Maserungsbilder erzielen, indem man beispielsweise Bretter mit einheitlicher Maserung aneinander fügt oder auch Bretter mit spiegelbildlich angeordneter Maserung verleimt.

Je schmaler die Bretter, desto besser die Plattenqualität

Grundsätzlich ist nur gut getrocknetes Holz geeignet. Bei der Verwendung zu frischen Holzes entstehen zwangsläufig Schwundrisse, und die Platte wird sich werfen. Je schmaler die Einzelbretter zugeschnitten werden, desto geringer ist die Gefahr, dass die Platte sich verzieht. Nach Möglichkeit benutzt man aus dem Kern eines Stammes geschnittene

Die Bretter werden so angeordnet, dass ein optimales Maserungsbild entsteht, und dann markiert.

Wenn sich noch Fugen zeigen, müssen die Kanten nachgehobelt werden, bis sie exakt zueinander passen.

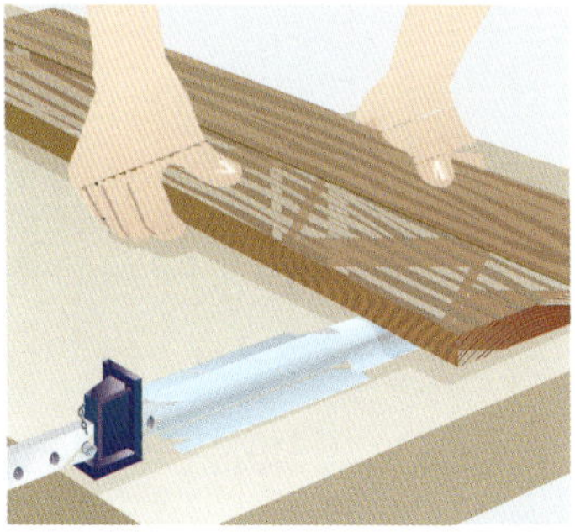

Man legt die Bretter nebeneinander auf zwei Türspanner. Die Gleitschienen vorher mit Papier abdecken.

Bretter, die senkrechte Jahresringe aufweisen. Ist dies nicht möglich, ordnet man die Bretter so an, dass die an den Brettenden sichtbaren Ringe stets in entgegengesetzter Richtung verlaufen. Wird Kern an Kern und Splint an Splint gefügt, wird die Tendenz der Bretter, sich in Richtung des Splintholzes zu krümmen, durch diese Anordnung wechselseitig ausgeglichen.

Hobeln und Verleimen der Einzelbretter

Eine saubere Holzplatte entsteht nur aus Einzelbrettern, die fugenlos zusammenpassen. Die Qualität des Arbeitsergebnisses hängt also insbesondere vom sorgfältigen Hobeln der Brettkanten ab. Wird mit einem Handhobel gearbeitet, benutzt man die so genannte Raubank, einen Hobel mit extra langer Sohle von etwa 60 cm. Die Länge des Werkzeugs sorgt dafür, dass eine gerade Kante ohne höher oder tiefer gelegene Stellen entsteht.
Sind die Bretter vorbereitet, legt man sie zunächst trocken aneinander und prüft, ob sich keine Fugen zeigen. Dann werden die Kanten mit Weißleim bestrichen. Zum Zusammenspannen werden Schraubzwingen mit entsprechend langen Gleitschienen benutzt. Besonders gut geeignet sind so genannte Türspanner, die sich auf unterschiedliche Spannbreiten einstellen lassen.

Drei große Schraubzwingen pressen die Bretter zu einer Platte zusammen.

Die Bretter werden so angeordnet, dass sich die typische Krümmrichtung wechselseitig ausgleicht.

Leimholzplatten gibt es in jedem Bau- und Heimwerkermarkt.

Leimholzplatten lassen sich wie gewachsenes Massivholz sägen und fräsen.

Industriell gefertigte Möbelbau-Platten aus Leimholz

Wer massive Möbel in klassischer Handwerkstradition bauen will, kann heute auf ein breit gefächertes Angebot industriell hergestellter Leimholzplatten zurückgreifen. Die negativen Eigenschaften von Massivholz – die Neigung sich zu werfen und Risse zu bilden – entfallen bei Leimholz weit gehend. Die Technik, das gewachsene Holz in schmale Lamellen aufzuschneiden und diese dann unter hohem Druck zu Platten zu verleimen, schafft ein Holzprodukt von hoher Qualität.
Man muss allerdings in Kauf nehmen, dass die Oberflächenstruktur bei stark gemaserten Hölzern deutlich durch die Lamellen bestimmt wird. Bei Buche beispielsweise fallen die Lamellen direkt ins Auge. Bei hellen Hölzern, wie Fichte, Tanne und Kiefer dagegen, muss man oft sehr genau hinschauen, um die Leimfugen zwischen den Lamellen überhaupt zu erkennen.
Bei preiswerten Leimhölzern werden die Lamellen in Längsrichtung durch Keilverzinkung verbunden oder auch stumpf gestoßen. Bessere Qualitäten haben durchgehende Lamellen.
Das Standardangebot bei Möbelbauplatten aus Leimholz besteht aus den Holzarten Fichte, Kiefer und Buche. Die Platten werden meist in 18, 28 und 38 mm Stärke hergestellt. Die Längen der konfektionierten Platten reichen von 80 bis 240 cm, die Breiten von 20 bis 60 cm. Daneben gibt es fertige Tischplatten in rechteckiger und runder Form mit verschiedenen Standardmaßen. Oft bekommt man auch passend dazu vorgefertigte Tischbeine aus dem gleichen Holz.
Für den gehobenen Möbelbau bieten einzelne Hersteller Leimholzplatten aus hochwertigen Harthölzern wie Ahorn, Eiche usw. an. Die rechts gezeigte Kommode z. B. wurde aus amerikanischem Ahorn hergestellt.

Furniere und ihre Verwendung

Furnierte Spanplatten für den Möbelbau

Furniere sind sehr dünne Holzschichten, die man meist auf Trägerplatten aus Massivholz oder Holzwerkstoffen aufleimt, um eine dekorative Oberfläche herzustellen. Das typische Trägermaterial beim Möbelbau ist heute die Spanplatte (siehe Seite 48). Mit den verschiedensten Furnieren versehene Spanplatten werden in unterschiedlichen Stärken und Formaten angeboten. Aus solchen Platten schneidet man beim Möbelbau die gewünschten Korpusteile zu.
Standardformate haben bereits furnierte Kanten. Werden die Korpusteile individuell zugeschnitten, muss man die Kanten selbst furnieren. Für diesen Zweck werden mit Schmelzkleber beschichtete Furnierstreifen in den gängigen Holzarten angeboten. Schmelzkleber ist ein Kleber, der bei Erwärmung flüssig wird und seine Klebkraft entwickelt. Aus dem gleichen Material bestehen die Klebestifte für die Heißklebepistole. Um eine Plattenkante zu furnieren, schneidet man einen Furnierstreifen so zu, dass er rundum etwas Überstand aufweist. Er wird dann mit dem heißen Bügeleisen aufgebügelt. Die überstehenden Ränder anschließend mit einem scharfen Stechbeitel abstechen.

Kantenfurniere in den gängigen Holzarten gibt es in unterschiedlichen Breiten als Rollenware mit Schmelzkleberbeschichtung. Der Furnierstreifen wird auf die Plattenkante gelegt und mit dem heißen Bügeleisen aufgebügelt.

Sobald der Kleber abkühlt, wird er hart. Der überstehende Furnierrand kann abgestochen werden.

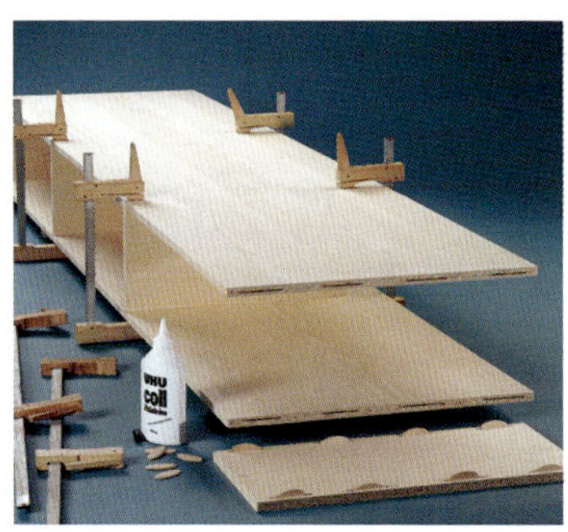

Nun kann der Zusammenbau der vorbereiteten Korpusteile erfolgen. Rechts sieht man das Ergebnis.

Diese Stollenwand besteht aus mit Esche (dunkel gebeizte Teile) und mit Buche (helle Teile) furnierter Spanplatte.

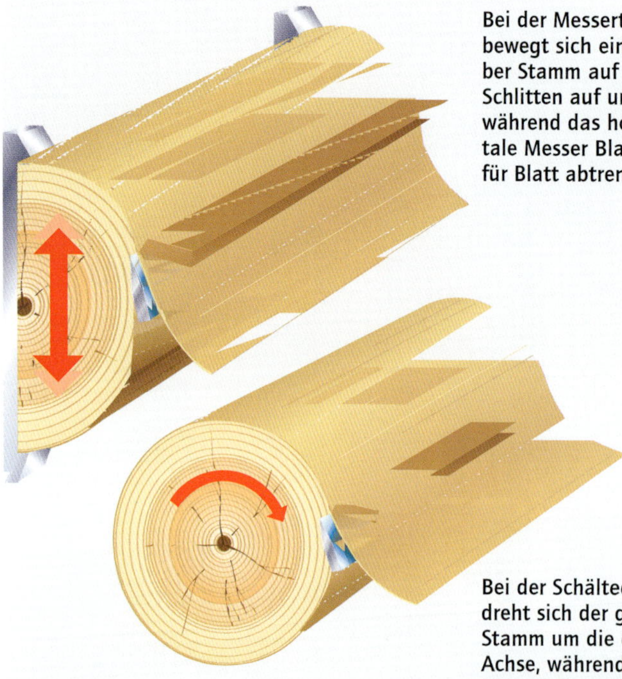

Bei der Messertechnik bewegt sich ein halber Stamm auf einem Schlitten auf und ab, während das horizontale Messer Blatt für Blatt abtrennt.

Bei der Schältechnik dreht sich der gesamte Stamm um die eigene Achse, während das Messer ein endloses Furnierblatt abhebt.

Die einzelnen Stämme werden vom Lagerplatz mit dem Greifer geholt, um sie vorzubereiten.

Für die Messertechnik braucht man solche Halbstämme. Sie werden mit Strichcodes gekennzeichnet.

Die Stämme werden vorbereitet, um sie in die Schäl- oder Messerschneidemaschine einspannen zu können.

In der Reihenfolge des Schnitts werden die Furnierblätter gestapelt, um sie weiterzuverarbeiten.

Herstellung und Verarbeitung von Furnieren

Furnierte Möbeloberflächen, Türen etc. verblüffen meist durch eine wunderbare Maserung. Dahinter steht eine gekonnte Auswahl der Furniere und eine professionelle Verarbeitung.
Doch wie entsteht das wertvolle Furnier, das den Schein echten Massivholzes hervorruft? Das älteste Verfahren der Furnierherstellung ist das Sägen. Mit besonders großen Kreissägen werden Sägefurniere von 1–1,2 mm Dicke vom Stamm geschnitten. Da bei dieser Technik der Verlust durch die breiten Sägeschnitte sehr hoch ist,

Bügelfurnier hat eine Schmelzkleberbeschichtung. Man drückt es mit dem Furnierhammer fest an.

wendet man es nur noch bei Hölzern an, die sich für die günstigeren Techniken des Schälens oder Schneidens nicht eignen, weil sie beispielsweise zu hart sind.
Die Schältechnik wird vor allem bei Nadelholzfurnieren angewandt. Dabei spannt man den ganzen Stamm in eine riesige Furnierschälmaschine (siehe Zeichnung oben), die ein endloses Furnierblatt abhebt. Der Stamm dreht sich dabei um die eigene Achse. Ein Druckbalken und darunter das über die gesamte Breite reichende Messer pressen sich während der Drehung an den Stamm. Der Abstand zwischen dem Druckbalken und dem Messer bestimmt die Furnierstärke. Der Nachteil der Schältechnik liegt darin, dass das entstehende

Furnierblatt kein übliches Maserungsbild zeigt, wie man es von Massivhölzern kennt. Daher werden Schälfurniere fast ausschließlich zu Sperrhölzern weiterverarbeitet.
Sehr schön gezeichnete Furniere gewinnt man, wenn mit der Messertechnik gearbeitet wird. Die Stämme werden dazu zunächst in der Länge halbiert und dann in einen Schlitten montiert, der den Stamm auf- und abwärts bewegt. Ein horizontal davor positioniertes Messer und ein darüber liegender Druckbalken sorgen dafür, dass bei jeder Abwärtsbewegung des Schlittens ein etwa 0,6 mm dickes Furnierblatt abgeschnitten wird. Ein mit dieser Technik aufgeschnittener Halbrundstamm liefert Furniere, die eine ähnliche Zeichnung aufweisen, wie sie bei im Sehnen- oder Fladerschnitt hergestellten Brettern entstehen. Andere Furnierzeichnungen entstehen, wenn man einen zuvor geviertelten Stamm mit der Messertechnik bearbeitet.

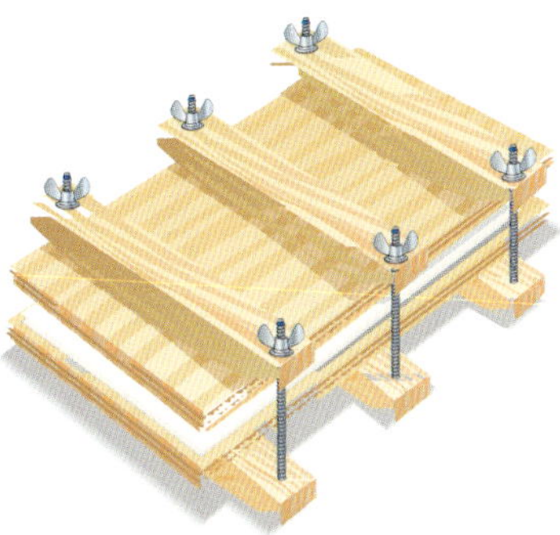

Soll unbeschichtetes Furnier verleimt werden, muss man es großflächig aufs Trägerholz pressen.

Größere Flächen mit solchen Furnieren zu beschichten, erfordert industrielle Leim- und Pressverfahren. Der Heimwerker kann allenfalls kleinere Holzteile selbst furnieren. Am besten benutzt man dazu mit Schmelzkleber beschichtete Furnierblätter zum Aufbügeln. Für die klassische Verleimung von Furnieren muss man sich eine Pressvorrichtung bauen, wie sie in der Zeichnung oben dargestellt ist.

Die Furniere werden nach Güteklassen sortiert angeboten.

Das Maserungsbild und die Schnittqualität werden beurteilt.

Die sortierten Furnierpakete warten auf ihre Käufer.

Platten aus Holzwerkstoffen

Dreischicht-Platten als Alternative zu Leimholz

Beim Möbelbau werden heute mehr und mehr Leimhölzer eingesetzt, die alle Vorzüge massiven Holzes aufweisen, aber weniger stark dazu neigen, sich zu werfen oder zu reißen. Beim Korpus-Bau aus Leimholz gibt es auch kaum Probleme, da Wände und Böden sich gegenseitig stabilisieren. Werden aber große Türen aus Leimholz gefertigt, bleibt es nicht aus, dass die Platten sich mit der Zeit verziehen. Man muss dann zu Rahmenkonstruktionen greifen oder die Platten von innen mit Gratleisten verstärken.
Eine Alternative stellen hier so genannte Dreischicht-Platten dar, die in Fichte und Kiefer in Dicken zwischen 16 und 42 mm angeboten werden. Eine dickere Mittelschicht aus dünnen Leisten wird bei diesem Holzwerkstoff zwischen zwei dünnere Decklagen geleimt. Die Maserung von Deck- und Zwischenlage verläuft in unterschiedlicher Richtung.
Das Ergebnis ist eine durch und durch massive Platte, die sich aber nicht wie Leimholz verwirft. Anders als bei Sperrholz sieht die Kante eleganter aus.
Im Innenausbau werden Dreischicht-Platten als Bodenbeläge sowie als Wand- und Deckenverkleidungen benutzt.

So genannte Dreischicht-Platten werden in einfachen Qualitäten im Baubereich benutzt, bessere Qualitäten lassen sich als sichtbare Wand- und Deckenverkleidungen und im Möbelbau verwenden.

Dreischicht-Platten kann man beim Möbelbau wie massives Holz sägen, bohren oder fräsen.

Aus Leimholz gebaute Türen neigen dazu, sich zu werfen. Hier setzt man besser Dreischicht-Platten ein.

Sperrhölzer stellt man durch kreuzweises Anordnen und Verkleben von Furnieren her.

Spanplatten entstehen, wenn man relativ kleine Holzspäne unter Druck zu Platten verpresst.

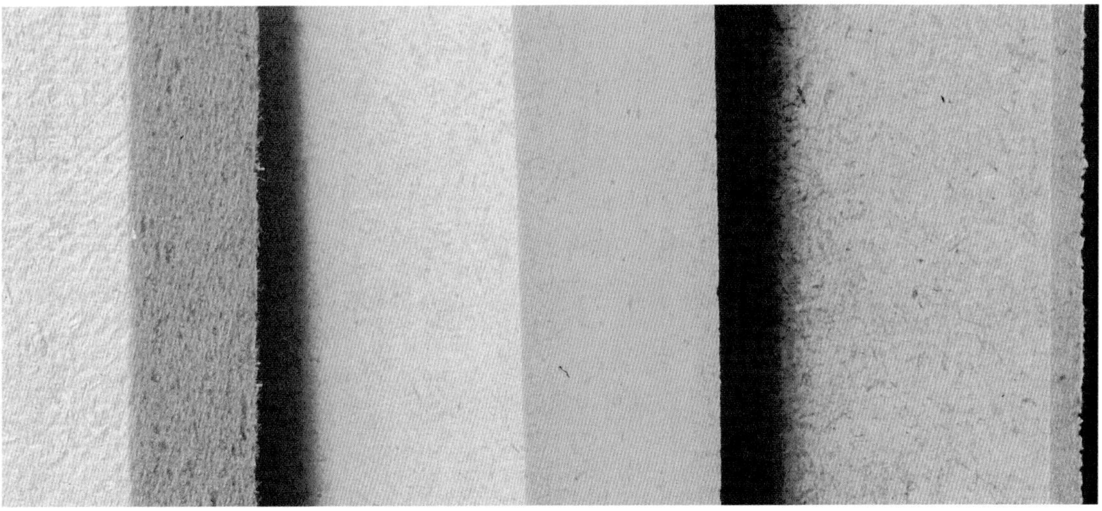

Faserplatten bestehen aus feinsten Holzfasern, die unter hohem Druck miteinander verklebt werden.

Sperrhölzer

Neben Massivholz werden im Möbelbau und im Innenausbau die verschiedensten Platten aus Holzwerkstoffen verarbeitet. Eine sehr wichtige Rolle spielen hier die Sperrhölzer: Sie werden aus dünnen Furnierholzlagen kreuzweise schichtverleimt. Das Ergebnis sind Platten, die kaum arbeiten und sich gegenüber Massivholz durch ihre hohe Maßhaltigkeit auszeichnen.
Sperrhölzer gibt es aus den verschiedensten Holzarten und in unterschiedlichen Dicken. Sperrholz für den Modellbau beispielsweise wird in nur 2 mm Dicke angeboten.
Aus besonders dünnen Buchenfurnieren verleimte Sperrhölzer sind unter der Bezeichnung Multiplex-Platten im Handel. Sie werden überall dort eingesetzt, wo man Holz von hoher Widerstandsfähigkeit benötigt – beispielsweise bei Arbeitsplatten an Werkbänken.

Sperrhölzer entstehen, wenn man Furniere im 90°-Winkel zueinander schichtweise verleimt. Die Platten sind sehr stabil und verziehen sich nicht.

Besonders widerstandsfähig und hoch belastbar sind Buchensperrhölzer, die unter der Bezeichnung Multiplex angeboten werden.

Sperrholz wird dort eingesetzt, wo es kein Massivholz in entsprechend dünner Materialstärke gibt.

Aus Multiplex gebaute Teile, hier der Rahmen eines Bollerwagens, sind belastbarer als gewachsenes Holz.

Furnierschichtholz

Etwa 3 mm dicke Schälfurniere aus Nadelholz werden zu Furnierschichtholz verleimt, das als konstruktiver Holzwerkstoff beim Bau Verwendung findet. Zur Verklebung der Furnierlagen benutzt man Phenolharz. Der Faserverlauf ist hier entweder generell parallel zur Längsrichtung der Platte oder zum größten Teil parallel. Nur einzelne Lagen werden senkrecht zur Längsrichtung angeordnet.

Im Baubereich werden mittlerweile sogar Balken aus verleimten Furnierstreifen eingesetzt.

Furnierschichtholz besteht aus verleimten Schälfurnieren.

Langspanholz

Das auch unter der Bezeichnung „TimberStrand" bekannte Langspanholz besteht aus miteinander verleimten Pappel-Spanstreifen der Maße ca. 0,8 x 25 x 300 mm. Für die Verklebung der markant strukturierten Platten wird MDI-Polyurethanklebstoff verwendet.

Späne aus Pappelholz werden zu Langspanholz verleimt.

OSB-Flachpressplatten

Die Abkürzung OSB bedeutet „Oriented Strand Board" (Platte mit ausgerichteten Flachspänen). Während Langspanholz praktisch nur im professionellen Baubereich Verwendung findet, gibt es OSB-Platten mittlerweile auch in vielen Bau- und Heimwerkermärkten. Die interessante Optik dieses Holzwerkstoffs hat dafür gesorgt, dass die Platten beim Innenausbau eingesetzt werden. Es gibt beispielsweise rundum mit Nut und Feder versehene Verlegeplatten für den Fußboden.

OSB-Flachpressplatten werden auch im Innenausbau verwendet.

An der Schnittkante erkennt man den Aufbau der Tischlerplatte: Die Stäbe des Kerns liegen zwischen zwei Sperrfurnieren.

Tischlerplatten für den Möbelbau

Das dominierende Material im Möbelbau waren früher die aus drei Lagen bestehenden Tischlerplatten. Eine dickere Vollholzlage aus Leisten oder Stäben ist dabei zwischen zwei rechtwinklig zur Faserrichtung angeordneten Sperrfurnieren verleimt. Durch diesen Aufbau wird ein Verziehen der Platte verhindert. Tischlerplatten sind sehr biegesteif und können ohne zusätzliche Stabilisierung als Regalbretter oder Tischplatten verwendet werden. Sie sind mit vielen Furnierbeschichtungen erhältlich.

Spanplatten dominieren heute den Möbelbau

Mittlerweile sind die Tischlerplatten längst durch die preiswerteren Spanplatten weit gehend verdrängt worden. Spanplatten bestehen aus Holzspänen, die mit Kunstharz als Bindemittel unter hohem

Die preiswerten Spanplatten werden aus Schwachholz sowie aus dem Abfallmaterial hergestellt, das in den Sägewerken anfällt.

Für den Möbelbau gibt es fertig furnierte Spanplatten in verschiedenen Materialstärken.

Für Küchenmöbel verwendet man meist mit Melaminharz beschichtete weiße Spanplatten.

Druck und unter Einfluss von Wärme zu Platten gepresst werden. Je nach Verleimungsart und Presstechnik entstehen Platten mit unterschiedlichen Eigenschaften. Für den Innenausbau und für Möbel werden nur noch formaldehydfreie Spanplatten der Qualität E1 verwendet. Für den Außenbereich gibt es wasserfest verleimte Platten, die man als Dach- oder Fassadenverkleidungen einsetzen kann.

MDF kann direkt lackiert werden. Man muss das Material aber auf jeden Fall grundieren.

MDF wird immer häufiger im Möbelbau verwendet. Die Platten haben eine sehr glatte Oberfläche und können sogar gefräst werden.

MDF – die durch und durch homogene Platte

Unter der Bezeichnung MDF sind seit einigen Jahren Platten im Handel, die aus fein zerfasertem Holz verleimt werden. MDF steht für „mitteldichte Faserplatte". Die Platten haben keine sichtbare Struktur, sondern sind ein völlig homogenes Material. Im Gegensatz zu Spanplatten kann man sie sogar fräsen. Die Oberfläche von MDF ist sehr glatt und kann direkt lackiert werden. Damit erschließen sich im Möbelbau ganz neue Einsatzgebiete.

Hartfaserplatten

Auch Hartfaserplatten werden aus feinen Fasern verleimt. Der Pressdruck bei der Herstellung ist besonders hoch. Die dünnen Platten werden bevorzugt als Rückwände für Schränke und als Schubladenböden eingesetzt.

Hartfaserplatten gibt es in Dicken zwischen 3,2 und 8 mm. Die Rückseite ist meist genarbt (Siebnarbe). Auch gelochte Akustikplatten werden angeboten.

Wohnen und leben mit Holz

Häuser aus Holz – Wohnqualität und Umweltschutz

Holz ist der älteste Baustoff, aus dem Menschen ihre Häuser errichten. Er ist später durch die Technik des massiven Mauerns in den Hintergrund gedrängt worden, erlebt nun aber schon seit vielen Jahren eine wahre Renaissance. Es sind nicht nur die modernen Fachwerkhäuser in Holzskelettbauweise, die durch gelungene Architektur und zeitgemäße Wärmedämm-Werte überzeugen – vor allem die Fertighäuser sind es, die dem Holz als Baustoff zu neuen Ehren verholfen haben.
Jedes Fertighaus ist eigentlich ein Holzhaus, auch wenn man es ihm von außen gar nicht ansieht. Selbst mit Klinkerfassaden versehene Fertighäuser haben als Grundkonstruktion Wände, die als so genanntes Ständerbauwerk hergestellt werden. Das tragende Gerüst bilden massive Balken, die von innen und außen mit aussteifenden Platten verkleidet sind. Der Hohlraum dieser Konstruktion wird mit Dämmstoff gefüllt. So erreicht man umweltfreundliche Dämmwerte für niedrigen Energieverbrauch.
Die Wände eines Fertighauses werden als montagefertige Module auf die Baustelle geliefert und dort innerhalb weniger Stunden miteinander verbunden.

Bei vielen Holzhäusern bilden vorgefertigte Wandelemente aus beidseitig verschaltem Ständerwerk und massive Deckenbalken das tragende Gerüst. Die Hohlräume der Wände sind mit Dämmstoff gefüllt.

Die Wandmodule eines Fertighauses bestehen aus tragenden Holzständern mit Dämmung und Verkleidung.

Auf der Baustelle werden die Module miteinander verbunden. Im Nu steht das einzugsbereite Haus (re.).

Einem komplett montierten Fertighaus sieht man nicht mehr an, dass Holzständer das tragende Gerüst seiner Wände bilden.

Fertigparkett

1 In die Nut des anzufügenden Fertigparkett-Elements wird beim Verlegen ein feiner Leimstreifen gegeben.

2 Wer auf Nummer Sicher gehen will, benetzt auch die Oberkante der Feder am bereits verlegten Element.

3 Leim, der beim Zusammentreiben der Elemente aus den Fugen austritt, wird sofort feucht abgewischt.

4 So präsentiert sich ein Boden aus Fertigparkett-Elementen. Es gibt verschiedene Muster und Holzarten.

Wandpaneele

1 Für Decken und Wandverkleidungen braucht man eine fest angedübelte Unterkonstruktion aus Latten.

2 Sind die Dübellöcher gebohrt, steckt man die Dübel ein. Hier sind es so genannte Nageldübel.

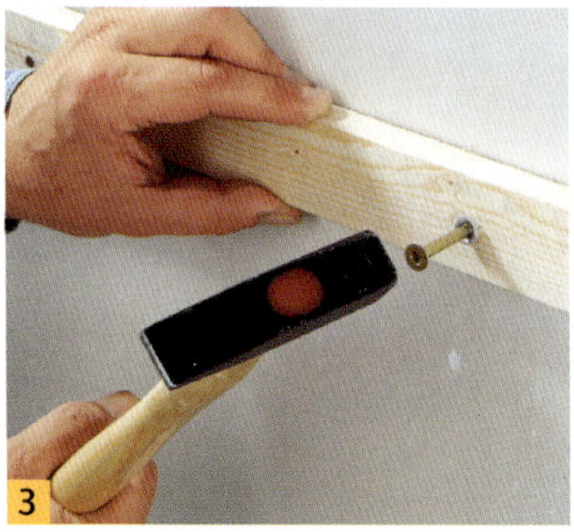

3 Einige Hammerschläge treiben die Nagelschraube fest in den Dübel und verankern so die Latte.

4 Mit Spezialklammern, die man in die Nut steckt, werden die Elemente dann auf der Lattung befestigt.

Innenausbau mit Holz

Für Böden, Decken und Wände gibt es die verschiedensten Holzprodukte, die für ein wohngesundes Klima und dekorative Oberflächen sorgen.
Der klassische Bodenbelag aus Holz sind massive Dielen. Vor allem in Holzhäusern mit massiven Deckenbalken werden wieder vermehrt Dielen eingebaut.
Wer es besonders elegant liebt, entscheidet sich seit jeher für echte Parkettböden. Bei Parkett aus Massivholz unterscheidet man zwischen Stabparkett aus 22 mm dicken Parkettstäben oder -riemen und Mosaikparkett aus nur 8 mm dicken Lamellen.
Stabparkett wird auf eine Unterkonstruktion genagelt oder auf dem Estrich verklebt. Mosaikparkett wird ausschließlich verklebt.
Ideal für den Heimwerker ist so genanntes Fertigparkett, dessen Elemente aus Span- oder Sperrholz als Trägermaterial und einer fertig versiegelten Nutzschicht bestehen. Die Elemente haben umlaufend Nut und Feder, um sie zu einer geschlossenen Fläche zusammenleimen zu können.
Meist wird Fertigparkett schwimmend auf einer trittschalldämmenden Zwischenlage verlegt. Die Elemente haben dann keine feste Verbindung zum Untergrund und können bei Bedarf leicht wieder entfernt werden.
Sollen Decken und Wände mit Holz verkleidet werden, kann man zwischen massiven Profilbrettern und Paneelen wählen. Profilbretter gibt es in unterschiedlichen Dicken, Breiten und Oberflächen. Auf einer Seite haben sie eine Nut, auf der anderen eine Feder und können so zu einer geschlossenen Fläche zusammengesteckt werden. Paneele bestehen aus einem Trägermaterial (meist Spanplatte oder MDF), das mit Furnier belegt wurde. Auch hier sorgen Nut und Feder für die Verbindung der Elemente. Auf einer Unterkonstruktion aus Latten werden Profilbretter und Paneele befestigt.

Die Oberfläche dieser Holzverkleidung wurde mit Flüssigwachs behandelt.

Die Schränke dieser Kinderzimmereinrichtung erinnern an Dornröschens Märchenschloss. Sie wurden individuell entworfen und selbst gebaut.

1 Die Korpusteile werden durch Flachdübel verbunden. Dafür fräst man Schlitze in die Verbindungsflächen.

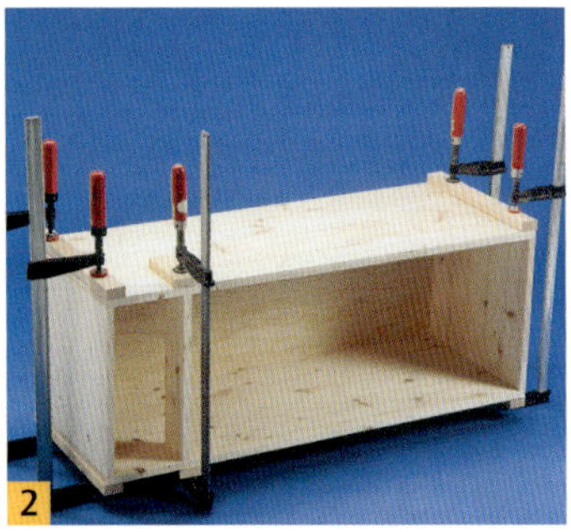

2 Unter Leimzugabe steckt man die Flachdübel in die Schlitze und presst die Korpusteile dann zusammen.

3 Mit Zwingen werden die einzelnen Schrankelemente verbunden und dann miteinander fest verschraubt.

4 Topfscharniere halten die Türen. Sie werden an den Stellschrauben justiert, bis die Türen sauber schließen.

Möbel aus massivem Holz

Beim Möbelbau ist Holz nach wie vor das dominierende Material. Immer beliebter werden Möbel, die durch und durch aus Massivholz bestehen. Mit modernen Leimholzprodukten kann der geschickte Heimwerker seine Massivholzmöbel sogar selbst bauen. Die hier gezeigte Kinderzimmereinrichtung wurde ganz individuell entworfen und aus Kiefernleimholz gebaut. Die Schrankkorpusse werden zugeschnitten und durch Holzdübel miteinander verbunden. Für das markante Aussehen sorgen farbige Schubladenfronten, Leisten als Applikationen und die Turmaufsätze der Schränke. Sie bestehen aus Zinnen und pyramidenförmigen Spitzen.
Die Schränke stehen auf Sockelelementen. Man verbindet die Korpusse durch Schrauben miteinander. Dann werden die Türen mit Topfscharnieren angeschlagen. Zum Schluss klebt man die Zierleisten auf die Fronten.

Holzspielzeuge sind beliebt wie eh und je

Auch wenn Kinder heute mit elektronischen Medien und Computerspielen groß werden, haben echte Holzspielzeuge dennoch ihren Reiz nicht verloren. Sie regen die Phantasie an und machen das Spielen zum echten Abenteuer. Holz ist das ideale Material für die ersten Spielzeuge. Die Kinder lernen beim Kontakt mit Holz, wie sich ein durch und durch natürlicher Werkstoff anfühlt.
Die hier gezeigte Arche Noah ist in der Heimwerkstatt entstanden. Sie besteht aus Kiefernleimholz. Zwei Standard-Regalplatten von 600 x 3000 mm Größe reichen aus. Das Holz wird zugeschnitten und sorgfältig geschliffen, damit sich an den Kanten keine Splitter lösen. Wichtig ist die Verwendung ungiftiger Beizen und Lacke für die Oberflächenbehandlung. Achten Sie beim Kauf auf die Herstellerangaben.

Bevor die Seitenteile der Arche ausgesägt werden, markiert man mit der Oberfräse die Planken.

Nach dem Zuschneiden der Teile werden die Sägekanten gebrochen und sorgfältig rund geschliffen.

Eingebohrte Holzdübel bilden die Verbindung zwischen den Einzelteilen des Schiffsrumpfes.

Auch der Aufbau des Schiffes wird anschließend mit Leim und Dübeln an der Deckfläche befestigt.

Die zur Arche Noah gehörenden Tiere wurden ebenfalls aus Leimholz ausgesägt. Kaufen Sie zur Oberflächenbehandlung von Holzspielzeugen nur ungiftige Produkte, die für diesen Zweck zugelassen sind.

Holzschutz und Holzveredelung

Wann braucht Holz Schutz durch Chemie?

Entscheidend für einen möglichen Befall von Holz durch Pilze oder Insekten ist sein Feuchtigkeitsgehalt. Schädliche Pilze wie auch Insekten brauchen mindestens 20% Holzfeuchte, um ihrem zerstörerischen Werk nachgehen zu können. Im Inneren von Häusern verbautes Holz weist jedoch nur 6–12% Feuchtigkeitsgehalt auf. Chemischer Holzschutz hat dort also nichts zu suchen.
Doch auch im Außenbereich ist die Chemiekeule nur begrenzt erforderlich, nämlich dort, wo Bauteile aus Holz dauerhaft feucht werden bzw. mit dem Erdreich Kontakt haben.
Zunächst versucht man, durch konstruktive Maßnahmen dafür zu sorgen, dass im Freien verbautes Holz den Feuchtegehalt von 20% nicht überschreitet.

Alle Holzschädlinge brauchen mindestens 20% Holzfeuchte. Solche Befallserscheinungen bleiben bei höherem Feuchtigkeitsgehalt nicht aus. Am besten sorgt man durch konstruktive Maßnahmen dafür, dass das Holz trocken bleibt.

1. Bauteile aus Holz sollten möglichst so angeordnet werden, dass sie der Bewitterung nicht unmittelbar ausgesetzt sind, z. B. durch große Dachüberstände.
2. Wasser muss so rasch wie möglich von den Bauteilen abgeleitet werden. Waagerechte Holzflächen auf denen Wasser stehen bleibt, sind zu vermeiden.
3. Hirnholzflächen, die nach oben weisen, sollten abgedeckt oder zumindest angeschrägt werden.
4. An den Unterkanten von Verschalungen sollten durch Abschrägungen so genannte Tropfkanten ausgebildet werden.
5. Kondensierende Feuchtigkeit an der Rückseite von Verschalungen durch Maßnahmen zur Hinterlüftung abführen.
6. Aufsteigende Feuchtigkeit aus dem Erdreich oder Mauerwerk durch Sperrschichten oder Metallständer verhindern.

Neben den konstruktiven Maßnahmen hilft eine hochwertige Wetterschutzlasur, die Feuchtigkeitsaufnahme bei Bewitterung zu reduzieren.
Nicht zu vergessen ist der Schutz des Holzes vor dem UV-Licht der Sonne. UV-Strahlen zerstören nämlich das Lignin in den Holzteilen, machen die Oberfläche grau und lassen die Zellen mit der Zeit zerfallen. Einen wirksamen Schutzschirm gegen UV-Strahlen bilden die in allen farbigen Lasuren enthaltenen Pigmentanteile. Farblose Lasuren dagegen bieten keinen ausreichenden Lichtschutz.

Verschalungsbretter für den Außenbereich muss man vor der Montage mindestens einmal allseitig mit Wetterschutzlasur behandeln. Etwa alle zwei Jahre folgt dann eine Auffrischung des Anstrichs.

Wenn Holz, das der Bewitterung ausgesetzt ist, immer wieder abtrocknen kann, reicht ein Lasuranstrich ohne chemische Gifte. Konstruktive Maßnahmen sorgen dafür, dass sich keine „Wassernester" bilden.

Kesseldruckimprägnierte Konstruktionshölzer für Zäune, Pergolen usw. gibt es in verschiedenen Maßen.

Hochwertige Pfosten bestehen zudem aus schichtverleimtem Holz, das sehr formstabil ist.

Kesseldruckimprägnierte Gartenhölzer einsetzen

Das ideale Material für den Garten und andere Außenbereiche sind umweltfreundlich imprägnierte Hölzer. Die Hersteller arbeiten heute mit umweltfreundlichen Kesseldruck-Imprägnierungsverfahren, bei denen spezielle Salze unter hohem Druck in das Innere des Holzes hineingepresst werden. Diese Salze verbinden sich dauerhaft mit den Holzfasern und bieten auch bei Erdkontakt zumindest für einige Jahre Schutz. Am besten vermeidet man Erdkontakt aber ganz und setzt die Hölzer auf Metallständer.

Aus kesseldruckimprägnertem Holz werden mittlerweile auch komplette Gestaltungselemente für den Garten angeboten. Pflanzkästen, Pergolen und Sitzbänke werden wie hier nur noch zusammengeschraubt.

Es müssen nicht immer Fliesen oder Pflaster sein: Eine Terrasse aus Holz wirkt besonders wohnlich und hält bei richtiger Materialwahl jahrzehntelang.

Ein wetterfestes Gartendeck aus Western Red Cedar

Neben Gartenhölzern, die durch Imprägnierung wetterfest gemacht wurden, gibt es natürliche Hölzer, die auch ohne Chemiebehandlung im Freien verbaut werden können. Dazu gehört Western Red Cedar, das vor allem aus Kanada importiert wird. Die rötlichen Bretter und Balken besitzen einen von Natur aus eingebauten Wetterschutz, der sie ebenso haltbar macht wie die in ihrem Bestand gefährdeten Tropenhölzer. Dabei ist Western Red Cedar wesentlich leichter und preiswerter. Umweltbewusste Importeure garantieren dem Käufer, dass das Holz aus nachwachsenden Beständen stammt. Direkter Erdkontakt ist aber auch für dieses Holz gefährlich. Man lagert die tragenden Balken eines Gartendecks daher auf Metallständern oder zumindest auf Betonplatten. Das Holz lässt sich ebenso gut verarbeiten wie beispielsweise heimische Kiefer.

Unter die Lagerhölzer kommen höhengleiche Gehwegplatten aus Beton als Auflagepunkte.

Seitlich angeschraubte Brettlaschen fixieren die Balken schließlich in der richtigen Höhe.

Falls erforderlich, unterfüttert man die Balken mit Holzkeilen, bis sie genau in einer Ebene liegen.

Nun schraubt man die Bretter des Gartendecks Reihe für Reihe mit 4–5 mm Abstand auf die Balken.

Lackaufbau

1 Falls erforderlich, wird die Holzoberfläche zu Beginn der Veredelung mit Wasser und Kernseife gereinigt.

2 Ist das Holz sauber, muss es dennoch gewässert werden, damit die Fasern der Oberfläche aufquellen.

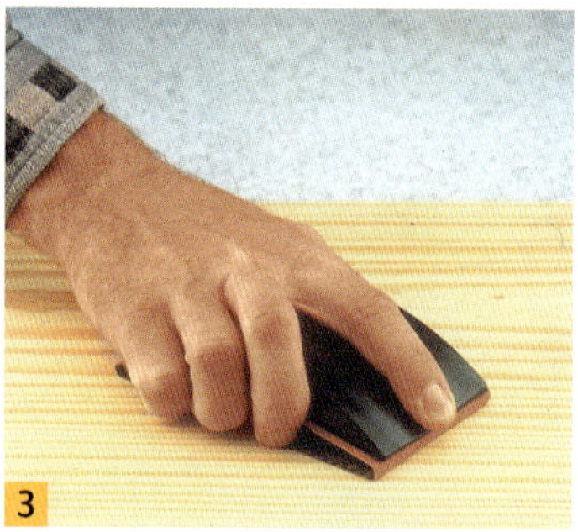

3 Insgesamt drei Schleifgänge sind erforderlich, um das gewässerte Holz optimal zu glätten.

4 Nun kann auf Wunsch Beize aufgetragen werden. Dadurch lässt sich das Holz farblich verändern.

5 Nach dem Beizen wird erst schnell trocknender Füllgrund aufgetragen. Dann erfolgt ein Zwischenschliff und zuletzt wird lackiert.

Holzoberflächen im Innenbereich fachgerecht veredeln

Weil Hölzer im Innenbereich keinen Schutz vor Schädlingen brauchen, spricht man hier bei der Oberflächenbehandlung von Veredelung. Damit die natürliche Schönheit des Holzes bei dieser Behandlung optimal dargestellt wird, bedarf es eines recht aufwändigen Verfahrens.

Am Anfang steht das Schleifen. Damit die Fasern an der Holzoberfläche sich aufstellen, und deren Struktur dabei gleichsam gelockert wird, muss man sie vorher ausgiebig wässern. Mithilfe eines Schwamms verteilt man lauwarmes Wasser gleichmäßig auf dem Holz, sodass sich seine Oberfläche gut vollsaugen kann. Dann lässt man das Werkstück trocknen.

Erst jetzt beginnt das Schleifen. Dabei glätten Sie die hochgestellten Fasern und gleichen letzte Unebenheiten der Fläche aus. Für den ersten Schleifgang nehmen Sie grobes Papier der Körnung 100 bis 120. Beim folgenden Zwischenschliff kommt 180er bis 240er Körnung zum Einsatz, beim Feinschliff schließlich 240er bis 280er Körnung. Kleinere Flächen schleift man von Hand und legt das Papier dabei über einen Schleifklotz. Für die Behandlung größerer Flächen bietet sich ein Schwingschleifer oder Exzenterschleifer an.

Soll das Holz eingefärbt werden, folgt nach dem Schleifen eine Behandlung mit Beize im gewünschten Ton. Es gibt zahlreiche gebrauchsfertige Beizen und solche, die mit Wasser angemischt werden müssen.

Ist als Schlussbehandlung ein Lackauftrag vorgesehen, bereiten Sie nach dem Beizen die Holzoberfläche durch eine Beschichtung mit so genanntem Füllgrund auf die Lackierung vor. Der schnell trocknende Füllgrund wird mit einem weichen, flachen Pinsel in Richtung der Maserung verstrichen. Er füllt die Poren des Holzes

und bildet eine vollkommen glatte Oberfläche. Bereits nach einer halben Stunde ist der Auftrag völlig durchgehärtet und wird mit 240er bis 280er Papier fein geschliffen.
Nun entstauben Sie die Oberfläche ein letztes Mal. Dann beginnt der Lackauftrag. Die für Möbeloberflächen bevorzugt verwendeten Nitrolacke gibt es in matt oder seidenglänzend.
Statt Lack kann man bei ansonsten gleicher Vorbereitung der Holzoberfläche auch eine Ballenmattierung auftragen. Statt mit dem Pinsel wird dieses Material mit einem Ballen aus Trikotstoff Strich für Strich in Richtung der Maserung aufgetragen.
Eine etwas in Vergessenheit geratene Art, Holzoberflächen zu veredeln, ist die Schellack-Politur. Diese Politur wird wie Mattierung mit einem weichen Ballen aufgetragen. Um eine brillant glänzende Oberfläche zu erzielen, muss die Politur in mehreren Schichten nacheinander aufgetragen werden. Zwischendurch wird mit feinster Stahlwolle zwischengeschliffen. Schellack-Oberflächen sind von höchster Qualität, haben aber nicht die Widerstandsfähigkeit moderner Nitrolacke.
Ebenfalls in Vergessenheit geraten ist die Holzbehandlung mit Bienenwachsbalsam. Die Wachsmischung trägt man mit einem weichen Lappen auf das gut geschliffene Holz auf. Ist die Wachsschicht nach einigen Tagen durchgetrocknet, wird noch einmal nachpoliert.
Bienenwachsbalsam können Sie fertig kaufen oder auch selbst anmischen. Reines Bienenwachs wird dazu im Wasserbad geschmolzen und mit der gleichen Menge Balsamterpentinöl oder Citrusschalenöl vermischt. Verringert man den Lösemittelanteil, wird das Wachs härter. Erhöht man den Anteil, kann man das Wachs so flüssig einstellen, dass es sich streichen lässt. 20 % Leinölfirnis erhöht die Belastbarkeit der gewachsten Oberfläche.

Schellack-Politur ist dünnflüssig und wird mit dem Trikotballen aufgetragen. Für antike Möbel ist dies die beste Oberflächenveredelung.

Die Grundzutaten für Bienenwachsbalsam: Reines Bienenwachs (im Wasserbad schmelzen) und Balsamterpentinöl (oder Citrusschalenöl). Durch die Zugabe von Leinölfirnis wird die Wachspolitur widerstandsfähiger.

Register

Die Deutsche Bibliothek – CIP-Einheitsaufnahme
Ein Titeldatensatz für diese Publikation ist bei Der Deutschen Bibliothek erhältlich.
ISBN 3-332-01356-4

www.dornier-verlage.de
www.urania-verlag.de
1. Auflage Oktober 2002

Der Urania Verlag ist ein Unternehmen der Verlagsgruppe Dornier.

Umschlaggestaltung: Behrend & Buchholz, Hamburg
Fotos: Archiv des Autors; Herb Allgaier, Stuttgart; Arbeitsgemeinschaft Holz e. V., Düsseldorf; Brügmann Traumgarten GmbH, Dortmund; creativ collection, Freiburg; Gussek Haus, Nordhorn; Holzabsatzfond, Bonn; Ostermann & Scheiwe (Osmo), Münster; Robin Wood, Hamburg
Quelle der Holzbeschreibungen S. 14–21: Arbeitsgemeinschaft Holz e. V., Düsseldorf
Zeichnungen: Malcolm Powell
Layout: Wolfgang Rattay/Stephan Wieneritsch
Gesamtherstellung: Urania Verlag
Printed in Italy

Gedruckt auf alterungsbeständigem Papier mit chlorfrei gebleichtem Zellstoff.